La Gerencia de Procesos

Metodologías para la optimización de procesos en empresas de servicio

Ing. Pedro E. Bennasar Dumoulins
Noviembre 2016
ISBN 9781549510373

Contenido

LA GERENCIA DE PROCESOS   1

METODOLOGÍAS PARA LA OPTIMIZACIÓN DE PROCESOS EN EMPRESAS DE SERVICIO

    1

INTRODUCCIÓN   6

EL ESTUDIO DE MUESTREO   8

    INTRODUCCIÓN AL ESTUDIO DE MUESTREO 8
    METODOLOGÍA PARA REALIZAR UN ESTUDIO DE MUESTREO DEL TRABAJO 12
       Determinar los objetivos del estudio...13
       Estimar el número "Estadísticamente válido" de observaciones (Tamaño de la muestra "N")...16
       Diseñar la hoja de observaciones..23
       Iniciar trabajo de campo (Recolección de observaciones)..................................26
       Procesamiento de los datos (validación a través del gráfico de Proporciones acumuladas / Gráficos de control)..28
       Cálculo de las condiciones finales del estudio...29
       Presentación de resultados 38

LA DOCUMENTACIÓN DE PROCESOS   44

    LOS NIVELES DE LA DOCUMENTACIÓN 44
    LOS TIPOS DE DOCUMENTOS.. 46

METODOLOGÍA PARA EL ANÁLISIS DE PROCESOS (OPTIMIZACIÓN)   51

    BASES FUNDAMENTALES PARA LA OPTIMIZACIÓN DE PROCESOS 51
       Etapa de Definición..52
       Etapa de Investigación...52
       Etapa de Análisis..56

METODOLOGÍA PARA LA TERCERIZACIÓN DE SERVICIOS/PROCESOS   57

    LA TERCERIZACIÓN 57
       ¿Qué es tercerización o externalización?..57
       Los beneficios potenciales de un cambio de modelo de Tercerización 57
       Riesgos de tercerizar..58
       ¿Qué aspectos debería tomar en cuenta una empresa para considerar entonces la tercerización como una opción estratégica?..59

   Tipos de Tercerización *59*
  Metodología de tercerización 60
   La Matriz de competencias Básicas *63*
   Determinación del nivel de importancia del proceso *65*
   Matriz de decisión base costo/competencia *67*
   Matriz de decisión base importancia del proceso vs. Matriz costo/competencia *69*

GLOSARIO DE TÉRMINOS   **70**

Índice de Ilustraciones

Ilustración 1 Principales diferencias entre el Muestreo del Trabajo y la Toma de Tiempos Tradicional.. 12
Ilustración 2 Gráfico de Distribución Ideal del Tiempo en área de servicio 15
Ilustración 3 Gráfico Ideal de Distribución del Tiempo en Empresas con Interrupción del Servicio 16
Ilustración 4 Hoja de Registro Observaciones... 24
Ilustración 5 Relación de Observaciones por Colaborador en una Jornada Laboral 26
Ilustración 6 Letras Asignadas a los Colaboradores 26
Ilustración 7 Relación de Letras Asignadas Vs Colaboradores 28
Ilustración 8 Ejemplo del Llenado de la Hoja de Observaciones.............................. 28
Ilustración 9 Ejemplo del Vaciado de la Información en la Base de Datos Única 29
Ilustración 10 Distribución de las Observaciones por rango de hora y tipo 31
Ilustración 11 Distribución de Observaciones por rango de hora y tipo en porcentajes 31
Ilustración 12 Distribución del uso del tiempo en el área en estudio 32
Ilustración 13 Comparación entre los valores esperados de productividad............ 33
Ilustración 14 Listado de Actividades Productivas 34
Ilustración 15 Listado de Actividades y cantidad de veces que se observo............. 35
Ilustración 16 Distribución Porcentual de las Actividades observadas 35
Ilustración 17 Relación de Actividades Vs Minutos dedicados en la Jornada 36
Ilustración 18 Distribución de los FTE´s vs Actividades ejecutadas en una Jornada Laboral 37
Ilustración 19 Actividades No Productivas.. 37
Ilustración 20 Ficha Técnica del Estudio 40
Ilustración 21 Resultados Generales (Ejemplo)... 41
Ilustración 22 Resultados Generales (ejemplo Actividades Innecesarias)............... 41
Ilustración 23 Resultados Generales (Ejemplo Listado de Actividades Innecesarias) 42
Ilustración 24 Resultados Generales (Ejemplo Distribución del tiempo de la Jornada) 42
Ilustración 25 Resumen General de Resultados por tipo de actividad..................... 43

Ilustración 26 Pirámide Documental 45
Ilustración 27 Relación entre la Pirámide Documental y la Estructura Documental. 46
Ilustración 28 Relación Cargos / Pirámide Documental / Documentos 47
Ilustración 29 Tabla para el desglose de los errores identificados........................ 53
Ilustración 30 Escalera de tiempos 55
Ilustración 31 Matriz para seleccionar el tipo de tercerización a aplicar 61
Ilustración 32 Esquema grafico de la Metodología de Tercerización 63
Ilustración 33 Matriz de Competencias 65
Ilustración 34 Matriz de Importancia del Proceso (Mapa de Calor por regiones) ... 66
Ilustración 35 Matriz de Decisión Base Costo/Competencia 68
Ilustración 36 Matriz de Decisión base Importancia del proceso Vs Matriz Costo/Competencia 69

Índice de Ecuaciones

Ecuación 1 Cálculo del Tamaño de la muestra para poblaciones de tamaño desconocido 20
Ecuación 2 Cálculo del Tamaño de la muestra para poblaciones de tamaño conocido... 21
Ecuación 3 Ejemplo de Cálculo de Tamaño de muestra para población desconocida 22
Ecuación 4 Ejemplo de Cálculo de Tamaño de Muestra con tamaño de población conocido... 22

Introducción

La gerencia de procesos[1] es un área fundamental en la generación de valor dentro de las organizaciones, por lo cual es necesario contar con herramientas eficientes y eficaces en el manejo de los problemas que se presentan para el óptimo funcionamiento del sistema, siendo el gerente de procesos y su equipo los responsables de canalizar con herramientas confiables las propuestas de optimización de las áreas y garantizar de esta forma un funcionamiento altamente eficiente, buscando siempre la máxima capacidad para generar valor con el mínimo costo, evidentemente enmarcados en las regulaciones del sector y del país. Todo ello debe estar basado en metodologías con base científica que minimicen la incertidumbre e impidan cuestionar las propuestas de optimización generadas por la gerencia de procesos, permitiendo la toma de decisiones con la mayor certeza posible, sobre problemas comunes a todas las empresas.

En este trabajo se desarrollan cuatro herramientas interdependientes, que permitirán al Gerente de procesos, actuar sobre los problemas más comunes, es decir temas de capacidades, documentación, optimización de procesos y/o tercerización de servicios/procesos.

En una primera etapa se desarrolla una forma sencilla de poner en practica la conocida teoría de muestreo de trabajo, luego se desarrolla una estructura de documentación asociada directamente a los niveles de información requeridos por la estructura jerárquica de la organización, posteriormente se establecen algunas herramientas que permitirán proporcionar mejoras en procesos y finalmente se

---

[1] Procesos: Ver definición en Glosario de Términos

proporciona una metodología estructurada para determinar la factibilidad de tercerizar procesos dentro de una empresa.

Se habla de cuatro herramientas interdependientes, debido a que pueden usarse individualmente, sin embargo, contar con todas ellas en un momento dado permitirá efectuar todas las acciones necesarias sobre los procesos, es decir dispondremos de 4 herramientas metodológicas sencillas pero de gran impacto, las cuales pueden ser utilizadas de forma independiente o conjunta, lo cierto es que todas ellas deben formar parte del conocimiento y estructura de trabajo con la que cualquier organización debe contar en un área que gerencia los procesos de una empresa.

"No encontrarás nunca la forma correcta de hacer algo incorrecto"

Ingeniero Pedro Bennasar

El estudio de Muestreo

Introducción al estudio de muestreo

La gerencia moderna está en la búsqueda constante de la optimización de sus procesos productivos sin desmejorar la calidad de servicio ofrecida, a su vez mantiene estándares que buscan incrementar el rendimiento de sus trabajadores durante el tiempo que permanezcan en las instalaciones de la empresa, las preguntas a las cuales todo gerente se enfrenta a diario se agrupan en 3 hechos fundamentales:

1. La capacidad instalada (Cantidad de trabajadores o como aquí les llamaremos colaboradores[2]) es suficiente para atender la demanda.
2. La atención de la demanda satisface los acuerdos de servicios y la calidad de respuesta esperada tomando en cuenta el costo-beneficio para la empresa.
3. Los procesos responden eficientemente en el tiempo.

Normalmente la respuesta a estas preguntas está basada en la experiencia del gerente que lleva el área operativa, quien de forma poco técnica, asume como ciertas, suposiciones basadas en su experiencia.

Para aquellos que tienen experiencia en áreas de consultoría de procesos, saben que el común denominador a la necesidad de:

- Mejorar la calidad de servicio
- Incrementar la producción

---

[2] Colaboradores: Ver definición en Glosario de Términos

- Responder al cliente en menor tiempo

Es normalmente "incrementar la plantilla de colaboradores" o en su defecto automatizar los procesos, siendo esta última alternativa normalmente la peor elección ya que se terminan automatizando procesos con altos volúmenes de desperdicio y errores, lo que se traduce en "automatizar el error"

Pero realmente al plantear cualquiera de las necesidades mencionadas, está ese gerente en la capacidad de responder las siguientes dudas:

- ¿Cuál es la productividad por colaborador?
- ¿Cuál es el tiempo de procesamiento por unidad?
- ¿La demanda es estacional? y de ser así ¿Cuál es la estacionalidad de la demanda?
- Se tienen demoras innecesarias en el proceso o actividades que no agregan valor
- Los colaboradores están dedicados a las actividades correctas durante el tiempo correcto y cada una de esas actividades es estrictamente necesaria para la generación del servicio o producto.

En fin,

- ¿Cómo se distribuye el tiempo de la jornada laboral de cada colaborador?
- ¿Cómo se distribuye el tiempo de la jornada laboral en la unidad?
- ¿Efectivamente dedicamos el tiempo de la jornada laboral a las actividades productivas, establecidas por la organización?

Realmente, ¿Podemos como gerentes tomar una decisión acertada desconociendo las respuestas a las preguntas planteadas?, entonces si desconocemos las respuestas a estas interrogantes, ¿cómo es posible que tomemos una decisión de incremento de plantilla o automatización de los procesos?, si bien es cierto, esto puede ayudar en los objetivos planteados, no es menos cierto que no estamos gerenciando eficientemente los costos por producto/servicio generado.

Como consultores de procesos[3], debemos poner a disposición de nuestro cliente respuestas a sus inquietudes, en el desarrollo del presente documento, se plantearan herramientas que permitirán tomar decisiones gerenciales asociadas a las capacidades de las unidades que sean objeto de estudio.

El muestreo del trabajo es una técnica utilizada para establecer cómo se distribuye el uso del tiempo en las diversas actividades que conforman un proceso. Es utilizada para establecer de forma estadísticamente valida el cómo se distribuye proporcionalmente, el uso del tiempo en la unidad o área en estudio y más específicamente en los colaboradores.

Los resultados del muestreo nos permiten tomar decisiones relacionadas con la utilización del tiempo de los colaboradores en las actividades desarrolladas dentro del área o unidad en estudio y por ende determinar la necesidad o no de incrementar el volumen de colaboradores, identificar procesos de alta dedicación, y establecer cuál es el aporte de cada colaborador a la meta de productividad establecida.

Una vez establecido un levantamiento de información, "estadísticamente valido" (Ver Concepto página 13), el estudio de muestreo en el trabajo permitirá tomar decisiones para mejorar los niveles de rendimiento, en cuanto al uso de los recursos de la organización.

Sus resultados estarán orientados a determinar en qué actividades se utiliza el tiempo de la jornada laboral y cuál es el nivel de ocupación de cada colaborador, así como su contribución a los objetivos del área en estudio.

El fundamento del **"Estudio de muestreo del trabajo"** es:

- ✓ Probabilidad de ocurrencia[4], y
- ✓ Aleatoriedad[5] de las observaciones

---

[3] Consultores de Procesos: Ver definición en Glosario de Términos

[4] Probabilidad de Ocurrencia: Ver definición en Glosario de Términos

[5] Ver Definición en glosario de términos

Todo ello bajo un esquema de:

- ✓ Levantamiento de información controlado y en tiempo real

Podríamos buscar múltiples autores con variadas formas de explicar la teoría del muestreo del trabajo, sin embargo llevar a la práctica esas teorías es realmente engorroso, aquí explicaremos como poner en practica esta teoría de forma sencilla, con resultados realmente impactantes.

La manera más práctica de realizarlo, es establecer un número de observaciones de forma aleatoria en un periodo de tiempo estimado, que permita determinar con certeza las proporciones de tiempo que fueron dedicadas a diversas tareas dentro del área de trabajo.

El método de muestreo del trabajo tiene varias ventajas en comparación con el estudio tradicional de toma de tiempos, entre ellas las más destacadas son:

- Un mismo consultor puede controlar múltiples colaboradores en un mismo periodo de tiempo, mientras que en la toma de tiempo tradicional un consultor medirá las operaciones de un único colaborador.
- Los colaboradores se sienten menos presionados con la presencia del consultor ya que no estará durante toda la jornada de trabajo al lado de él con un cronómetro.
- Se requiere un menor tiempo de trabajo de campo [6] obteniéndose mediciones de múltiples colaboradores, es decir una unidad puede ser diagnosticada en el mismo periodo de tiempo que tomaría medir a un único colaborador con el proceso de toma de tiempos tradicional.

En la Ilustración 1 Principales diferencias entre el Muestreo del Trabajo y la Toma de Tiempos Tradicional, se visualiza fácilmente las ventajas que ofrece el muestreo del trabajo.

---

[6] Trabajo de Campo: Ver definición en Glosario de Términos

Muestreo del Trabajo	Toma de Tiempos
Un analista puede observar al mismo tiempo a varios trabajadores (entre 5 y 8) dependiendo de la distribución del espacio físico de los trabajadores a ser medidos, lo que implica menores costos en el estudio.	Un analista es capaz de medir solo uno o máximo dos trabajadores en un mismo periodo de tiempo.
No se requieren analistas capacitados.	Es necesario que todos los analistas se comporten de la misma forma en momentos de inicio y fin del proceso o actividad medida. Se debe conocer el proceso a detalle e identificar el tiempo de inicio y fin de cada actividad.
No se requieren instrumentos de medición, solo es necesario el formato de toma de tiempos elaborado por el experto y lápiz.	Los analistas requieren instrumentos de medición
Se obtienen muchas observaciones reales en cortos periodos s de tiempo	Alto tiempo de dedicación para obtener un numero limitado de observaciones del proceso
No produce el efecto psicológico sobre los trabajadores, normalmente los trabajadores tienen la percepción de que el estudio es poco efectivo por la forma aleatoria en el levantamiento de la información.	El tener una persona tomando el tiempo de todas las actividades ejecutadas causa un efecto psicológico en el trabajador que modifica su comportamiento habitual.
Permite la toma de tiempos en días diferentes, la continuidad no es un requerimiento	
El efectuar observaciones instantáneas durante lun largo periodo de tiempo, impide que el trabajador varié su comportamiento	Los trabajadores pueden cambiar intencionalmente sus actividades durante el periodo de tiempo que esta siendo evaluado
Para las empresas de servicio es una forma muy útil y económica de determinar productividad del área.	Es poco efectivo en empresas de servicio, y muy costoso para medir la distribución del uso del tiempo en todo un departamento.

Ilustración 1 Principales diferencias entre el Muestreo del Trabajo y la Toma de Tiempos Tradicional

Metodología para realizar un estudio de muestreo del trabajo

Realizar un muestreo del trabajo requiere cumplir con ciertos pasos, que garantizan el éxito del trabajo a efectuar, ser detallista en la planificación del trabajo de campo permitirá un resultado absolutamente confiable, y adicionalmente permitirá no dedicar más tiempo ni recursos del estrictamente necesario en el trabajo de campo.

Los pasos generales que se deben seguir son los siguientes:

1. Determinar los objetivos del estudio
2. Estimar el número "Estadísticamente válido" de observaciones (Tamaño de la muestra "N").
3. Identificar el(los) periodo(s) de tiempo en que se tomaran las observaciones
4. Diseñar la hoja de observaciones.

5. Iniciar trabajo de campo (Recolección de observaciones)
6. Procesamiento de los datos (validación a través del gráfico de proporciones acumuladas / gráfico de control).
7. Cálculo de las condiciones finales del estudio.
8. Presentación de resultados

Determinar los objetivos del estudio

Tal como ocurre en cualquier trabajo de consultoría, se debe tener certeza en el objetivo que se persigue, definiendo junto al cliente no sólo el objetivo general del trabajo sino el alcance del estudio a efectuar. Esto permitirá establecer si el muestreo del trabajo es o no la herramienta más adecuada para dar respuesta a la necesidad del cliente.

El objetivo debe ser especifico, claro, medible y las partes involucradas deben estar de acuerdo en su intención.

Adicionalmente al determinar los objetivos del estudio se deben establecer en conjunto con el cliente los siguientes puntos:

1. Head count del área a evaluar y estructura jerárquica
   - Es fundamental establecer cómo se organiza la unidad a evaluar y cuántos colaboradores la conforman y cuántos de ellos serán medidos.
2. Ubicación física de los colaboradores
   - El cómo se agrupan los colaboradores ayudará a determinar cuántos consultores serán necesarios para el levantamiento de la información. Se estima que si se encuentran en una misma ubicación física, cada consultor es capaz de controlar de 5 a 8 colaboradores durante las mediciones. Ésta es una de las ventajas de la aplicación de la metodología del muestreo de trabajo ya que permite con poca cantidad de recursos, en tiempos relativamente cortos; el levantamiento de información de hasta 8 trabajadores. Otros métodos de levantamiento de tiempos implica largos periodos de dedicación en el levantamiento de información con poca muestra.
3. Procesos que ejecutan los colaboradores

- Para poder determinar el tiempo que se dedica a cada proceso y sus actividades asociadas se deben listar los procesos de la unidad identificando el listado de actividades asociadas a fin de establecer a que procesos corresponde cada actividad observada, tanto los consultores como los colaboradores (trabajadores) deben tener esta información, con el fin de poder asociar cada actividad observada al proceso que corresponda. Esto permitirá establecer los tiempos dedicados a cada proceso que ejecuta la unidad. Adicionalmente permitirá conocer la cantidad de procesos que se ejecutan en el área y presumir su repetitividad en el tiempo.

4. Horario de Trabajo[7]
    - Fundamental para conocer a qué hora debe incorporarse cada colaborador y a qué hora debe finalizar su jornada de trabajo. Esto con la finalidad de identificar dentro del horario de trabajo las actividades ejecutadas y su relación con los procesos definidos en la organización. No tiene mucho sentido medir a un colaborador que no se encuentra en su puesto de trabajo porque sencillamente no le corresponde estar allí, ya que su horario de trabajo así lo establece. Si lo medimos fuera del horario la muestra[8] tomada es un error y generaría distorsiones en el resultado final del estudio.

5. Jornada laboral [9]y Jornada laboral efectiva[10]
    - Cuantas horas contrata la organización para efectuar el trabajo y que porcentaje de esas horas está dispuesta la organización a asumir como actividad no productiva[11], esto es un elemento básico para poder comparar la curva teórica vs la realidad del área obtenida en el trabajo de campo.

---

[7] Horario de Trabajo: Ver definición en Glosario de Términos

[8] Muestra: Ver definición en Glosario de Términos

[9] Jornada Laboral: Ver definición en Glosario de Términos

[10] Jornada Laboral efectiva: Ver definición en Glosario de Términos

[11] Actividad No productiva: Ver definición en Glosario de Términos

- En este trabajo asumiremos que la jornada de trabajo es de 8,5 horas hombre (HH), las cuales se distribuyen de la siguiente forma:
    a. 6,33 HH son dedicadas a actividades productivas (74,4%),
    b. 1 HH es dedicada al almuerzo (11,76%),
    c. 0,6 HH a actividades necesarias (6,9%) y
    d. 0,6 HH a actividades innecesarias (6,9%).

Teóricamente para una jornada de 8,5 HH en una empresa de servicio, donde se mantiene la operatividad durante toda la jornada laboral (ejemplo una agencia bancaria) el gráfico de distribución del tiempo ideal es el que se muestra en la Ilustración 2 Gráfico de Distribución Ideal del Tiempo en área de servicio.

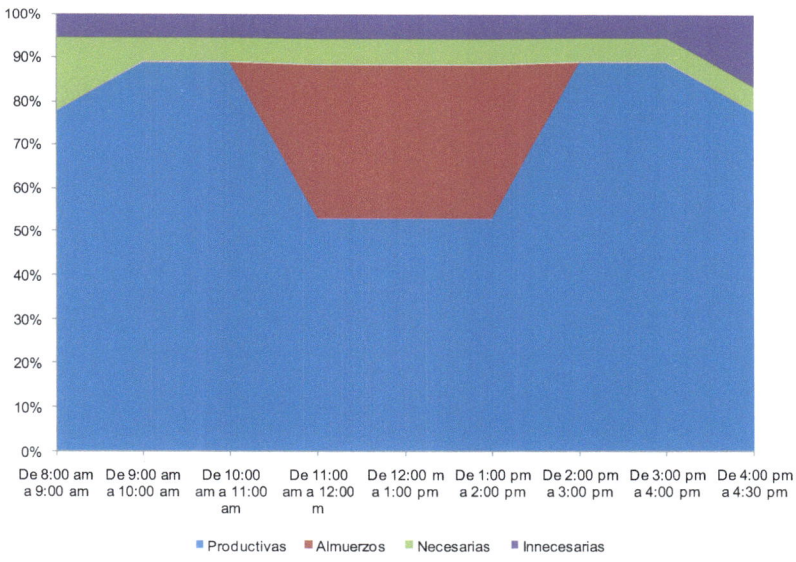

Ilustración 2 Gráfico de Distribución Ideal del Tiempo en área de servicio

En este gráfico el tiempo dedicado a actividades productivas es el área azul, que posee dos mesetas o máximos sostenidas en la mañana y en la tarde de 89% de productividad.

Si analizamos el gráfico a las 8 am, el personal inicia la jornada laboral y poco a poco se va incorporando a sus actividades productivas, inicialmente posee un nivel asociado a actividades no productivas pero necesarias como, encender el PC, ubicar carpetas, leer los e-mail, etc. (Área verde de la Ilustración 2)

Ya a las 11 am se observa que inician los turnos de almuerzo, que finalizan sobre las 2 pm (área roja de la Ilustración 2)

Al final de la tarde el área correspondiente a actividades no productivas e innecesarias se incrementa, tales como tomar café, hablar con compañeros, temas personales, etc. (área morada de la Ilustración 2)

Si generamos un gráfico modelo para un área donde no existan turnos de almuerzo, es decir la producción de la unidad se detiene completamente en horas del mediodía, tendríamos un gráfico ideal como se observa en la Ilustración 3.

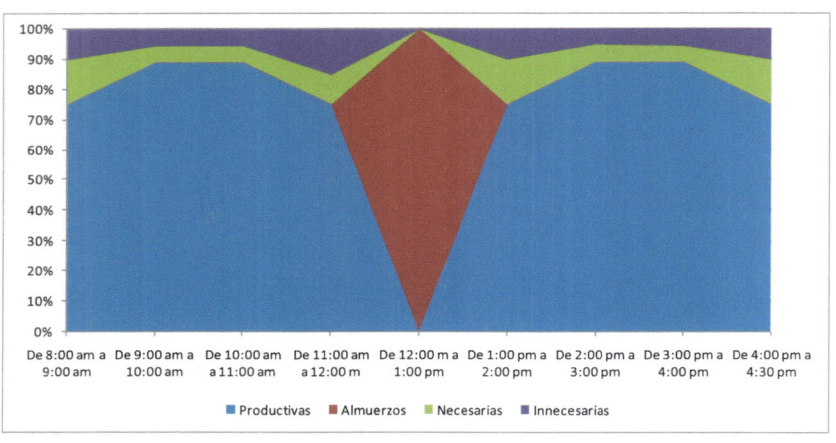

Ilustración 3 Gráfico Ideal de Distribución del Tiempo en Empresas con Interrupción del Servicio

Estimar el número "Estadísticamente válido" de observaciones (Tamaño de la muestra "N").

Como en cualquier estudio, no es factible observar el 100% de lo que ocurre en el área en estudio durante extensos periodos de tiempo, es por ello que recurrimos a la determinación del tamaño de la muestra que permita validar cuantas observaciones debemos tener registradas para confirmar de forma estadística la confiabilidad del estudio, infiriendo a partir de la muestra tomada el comportamiento de la población. Evidentemente mientras mayor sea el número de observaciones más confiable será el resultado, pero de igual forma tendremos un momento en el cual, sumar más observaciones no mejorará significativamente el estudio, y ese es el momento donde la relación costo beneficio deja de ser favorable, razón suficiente para detener el trabajo de campo.

En la medida en que se vaya adquiriendo experiencia en la aplicación de la metodología de muestreo, este paso podría no ser necesario, sin embargo nunca está de más poder determinar con exactitud cuál es el nivel de confianza del estudio.

Para determinar el tamaño de la muestra se sugiere utilizar la teoría del cálculo de tamaño de muestra para poblaciones finitas, donde el principal elemento que debemos conocer es la repetitividad de los procesos a medir, ya que cuando un área a ser estudiada realiza una cantidad pequeña de procesos (menos de 5), implicaría que sus actividades son altamente repetitivas, lo que trae como consecuencia directa que un número pequeño de observaciones será suficiente para establecer cómo se distribuye el tiempo de la unidad y de sus colaboradores.

Por lo general, en unidades que ejecutan procesos muy repetitivos. 10 días hábiles continuos de observación[12] son más que suficientes, y para unidades de múltiples procesos (>5); el tiempo del trabajo de campo oscila entre 15 y 20 días hábiles.

Basados en la probabilidad de ocurrencia de los eventos, es relativamente sencillo calcular el tamaño de una muestra que nos permita definir el nivel de confianza del estudio, cuyo porcentaje recomendado debe ubicarse entre 90% y 95%.

En tal sentido es importante que se tengan claro que el muestreo es una herramienta de la investigación científica. Su función básica es determinar que parte de una realidad en estudio (población o universo) debe examinarse con la finalidad de hacer inferencias sobre dicha población. El error que se comete debido al hecho de que se obtienen conclusiones sobre cierta realidad a partir de la observación de sólo una parte de ella, se denomina error de muestreo. Obtener una muestra adecuada significa lograr una versión simplificada de la población, que reproduzca de algún modo sus rasgos fundamentales.

---

[12] Observación: Ver definición en Glosario de Términos

En todas las ocasiones en que no es posible o conveniente realizar un censo[13], lo que hacemos es trabajar con una muestra, entendiendo por tal una parte representativa de la población. Para que una muestra sea representativa, y por lo tanto útil, debe de reflejar las similitudes y diferencias encontradas en la población.

Cuando decimos que una muestra es representativa indicamos que reúne aproximadamente las características de la población que son importantes para la investigación.

Los estadísticos emplean la palabra muestra para describir una porción escogida de la población. Matemáticamente, podemos describir muestras y poblaciones al emplear mediciones como la Media, Mediana, la moda, la desviación estándar. Cuando estos términos describen una muestra se denominan estadísticas. Una estadística es una característica de una muestra.

Los autores proponen diferentes criterios de clasificación de los diferentes tipos de muestreo, aunque en general pueden dividirse en dos grandes grupos: métodos de muestreo probabilísticos y métodos de muestreo no probabilísticos.

Los métodos de muestreo probabilísticos son aquellos que se basan en el principio de equiprobabilidad. Es decir, aquellos en los que todos los individuos tienen la misma probabilidad de ser elegidos para formar parte de una muestra y, consiguientemente, todas las posibles muestras de tamaño n tienen la misma probabilidad de ser elegidas. Sólo estos métodos de muestreo probabilísticos nos aseguran la representatividad de la muestra extraída y son, por tanto, los más recomendables.

Los métodos de muestreo no probabilísticos no garantizan la representatividad de la muestra y por lo tanto no permiten realizar estimaciones inferenciales sobre la población.

Entre los métodos de muestreo probabilísticos más utilizados en investigación encontramos:
    1. Muestreo aleatorio simple
    2. Muestreo estratificado
    3. Muestreo sistemático

---

[13] Ver definición en Glosario de Términos

4. Muestreo por conglomerados

Para calcular el tamaño de una muestra hay que tomar en cuenta tres factores:
1. El porcentaje de confianza con el cual se quiere generalizar los datos desde la muestra hacia la población total.
2. El porcentaje de error que se pretende aceptar al momento de hacer la generalización.
3. El nivel de variabilidad que se calcula para comprobar la hipótesis.

La confianza o el porcentaje de confianza es el porcentaje de seguridad que existe para generalizar los resultados obtenidos. Esto quiere decir que un porcentaje del 100% equivale a decir que no existe ninguna duda para generalizar tales resultados, pero también implica estudiar a la totalidad de los casos de la población.

Para evitar un costo muy alto para el estudio o debido a que normalmente llega a ser prácticamente imposible el estudio de todos los casos, entonces se busca un porcentaje de confianza menor. Comúnmente en las investigaciones se busca un 95%.

El error o porcentaje de error equivale a elegir una probabilidad de aceptar una hipótesis que sea falsa como si fuera verdadera, o la inversa: rechazar a hipótesis verdadera por considerarla falsa. Al igual que en el caso de la confianza, si se quiere eliminar el riesgo del error y considerarlo como 0%, entonces la muestra es del mismo tamaño que la población, por lo que conviene correr un cierto riesgo de equivocarse.

Comúnmente se aceptan entre el 4% y el 6% como error, tomando en cuenta de que no son complementarios la confianza y el error.

La variabilidad es la probabilidad (o porcentaje) con el que se aceptó y se rechazó la hipótesis que se quiere investigar en alguna investigación anterior o en un ensayo previo a la investigación actual. El porcentaje con que se aceptó tal hipótesis se denomina variabilidad positiva y se denota por **p**, y el porcentaje con el que se rechazó se la hipótesis es la variabilidad negativa, denotada por **q**.

Hay que considerar que p y q son complementarios, es decir, que su suma es igual a la unidad: p+q=1. Además, cuando se habla de la máxima variabilidad, en el caso de no existir antecedentes sobre la investigación (no hay otras o no se pudo aplicar una prueba previa), entonces los valores de variabilidad es p=q=0.5. Una vez que se han determinado estos tres factores, entonces se puede calcular el tamaño de la muestra como a continuación se expone.

Hablando de una población de alrededor de 10,000 casos, podemos pensar en la manera de calcular el tamaño de la muestra a través de las siguientes fórmulas.

Vamos a presentar dos fórmulas, siendo la primera la que se aplica en el caso de que no se conozca con precisión el tamaño de la población, y es:

$$n = \frac{Z^2 \times p \times q}{E^2}$$

Ecuación 1 Cálculo del Tamaño de la muestra para poblaciones de tamaño desconocido

Donde:
n es el tamaño de la muestra;
Z es el nivel de confianza;
p es la variabilidad positiva;
q es la variabilidad negativa;
E es la precisión o error.

Hay que tomar nota de que debido a que la variabilidad y el error se pueden expresar por medio de porcentajes, hay que convertir todos esos valores a proporciones.

También hay que tomar en cuenta que el nivel de confianza no es ni un porcentaje, ni la proporción que le correspondería, a pesar de que se expresa en términos de porcentajes. El nivel de confianza se obtiene a partir de la distribución normal estándar, pues la proporción correspondiente al porcentaje de confianza es el área simétrica bajo la curva normal que se toma como la confianza, y la intención es buscar el valor Z de la variable aleatoria que corresponda a tal área.

Por ejemplo: Si se quiere un porcentaje de confianza del 95%, entonces hay que considerar la proporción correspondiente, que es 0.95. Lo que se buscaría en seguida es el valor Z para la variable aleatoria z tal que el área simétrica bajo la curva normal desde -Z hasta Z sea igual a 0.95, es decir, $P(-Z<z<Z)=0.95$.

Utilizando las tablas, o la función Distr.Norm.Estand.Inv() del Excel, se puede calcular el valor de Z, que sería 1.96 (con una aproximación a dos decimales).
Esto quiere decir que P (-1.644<z<1.644)=0.95.
En el caso de que sí se conozca el tamaño de la población entonces se aplica la siguiente fórmula:

$$n = \frac{Z^2 \times p \times q \times N}{N \times E^2 + Z^2 \times p \times q}$$

Ecuación 2 Cálculo del Tamaño de la muestra para poblaciones de tamaño conocido

Donde
n es el tamaño de la muestra;
Z es el nivel de confianza;
p es la variabilidad positiva;
q es la variabilidad negativa;
N es el tamaño de la población;
E es la precisión o el error.

La ventaja sobre la primera fórmula es que al conocer exactamente el tamaño de la población, el tamaño de la muestra resulta con mayor precisión y se pueden incluso ahorrar recursos y tiempo para la aplicación y desarrollo de una investigación.

Por ejemplo: En el Proceso de Emisión de Pólizas, se desea realizar una investigación para determinar la distribución del uso del tiempo, para lo cual se aplicará la metodología descrita, de manera aleatoria a una muestra, debido a que los recursos económicos y el tiempo para procesar la información resultaría insuficiente en el caso de aplicársele a todas la emisiones en un periodo muy extenso de tiempo.

Suponiendo que no se conoce el tamaño exacto de la población, se aplicará la primera fórmula. (Ecuación 1)

Se considerará una confianza del 95%, un porcentaje de error del 5% y la máxima variabilidad por no existir antecedentes sobre la investigación y porque no se puede efectuar un nuevo estudio.

Primero se obtendrá el valor de Z de tal forma que la confianza sea del 95%, es decir, buscar un valor de Z tal que P(-Z<z<Z)=0.95. Utilizando las tablas o las funciones de Excel se pueden obtener, o viendo (en este caso) el ejemplo anterior, resulta que Z=1.644.

De esta manera se realiza la sustitución en la fórmula de poblaciones desconocidas y se obtiene:

$$n = \frac{(1,644)^2(0,5)(0,5)}{(0,05)^2} = \frac{2,702}{0,0025} = 270,25$$

Ecuación 3 Ejemplo de Cálculo de Tamaño de muestra para población desconocida

Esto quiere decir que el tamaño de la muestra es de 270 observaciones a tomar.

Supongamos ahora que sí se conoce el tamaño de la población y es de 9.500, entonces se aplicará la segunda fórmula (Ecuación 2). Utilizando los mismos parámetros la sustitución queda como:

$$n = \frac{(1,644)^2(0,5)(0,5)(9.500)}{(9.500)(0,05)^2 + (1,644)^2(0,5)(0,5)} = \frac{6.418,99}{24,4256} = 262,80$$

Ecuación 4 Ejemplo de Cálculo de Tamaño de Muestra con tamaño de población conocido

Con lo que se tiene una muestra mínima de 263 observaciones, realizando la investigación sin más costo y tiempo del necesario, pero con la seguridad de que las condiciones aceptadas para realizar la inferencia (confiabilidad, variabilidad y error) son favorables.

Una vez determinados los aspectos relacionados con el comportamiento de la demanda del área, es necesario establecer la fecha de inicio del trabajo de campo, tomando en consideración si se desea o no medir los picos de demanda, solo la demanda normal, o ambos.

Lo ideal es tomar muestras por un periodo de tiempo que permita medir la mayor cantidad de estacionalidades posibles. De igual forma, es fundamental que el trabajo de campo sea continuo y no con interrupciones en el tiempo, es decir; una vez iniciado el trabajo de campo todos los días hábiles durante toda la jornada deben ser considerados en la medición, a menos que el objetivo del estudio sea determinar exclusivamente las capacidades necesarias en los días pico de demanda.

Diseñar la hoja de observaciones.
Una vez establecida la cantidad mínima de datos que es necesario recolectar y la fecha de inicio del trabajo de campo se hace indispensable preparar las hojas de recolección de información. Estas hojas deben ser generadas bajo un esquema de medición ALEATORIA de los colaboradores, esto es fundamental para el éxito del trabajo a efectuar. Se debe generar una hoja de observaciones para cada día de trabajo, cada hoja es diferente en horas y en colaborador a observar.

Una hoja típica de levantamiento de observaciones contara con los siguientes campos:

1. A nivel del encabezado:
    a. Fecha en la que se utilizó la hoja de observaciones.
    b. Responsable del levantamiento de la información.
2. En su cuerpo:
    a. Número de observación (listado consecutivo del 1 al N de las observaciones a realizar durante el día)
    b. A quién se debe observar (colaborador definido con letras)
    c. A qué hora debo observar al colaborador definido
    d. ¿Qué actividad está ejecutando el colaborador al momento de observarlo?
    e. Identificar si la actividad observada es productiva (Si/No)

f. En caso que la actividad sea productiva, se debe identificar con qué proceso está relacionada

En la Ilustración 4 se observa la planilla descrita.

Día de la Toma			Consultor			
N°	Rol Letra	Hora de Medición	¿Que está haciendo? / Actividad N°	Suceso Productivo Si	No	Proceso N°
1	A	08:06				
2	B	08:10				
3	C	08:14				
4	D	08:18				
5	E	08:22				
6	F	08:26				
7	G	08:30				
8	H	08:34				
9	E	08:38				
10	B	08:42				
11	A	08:46				
12	F	08:50				
13	E	08:54				
14	H	08:58				
15	C	09:02				
16	D	09:06				
17	C	09:10				
18	F	09:14				
19	G	09:18				
...	...	...				
135	C	17:02				
136	E	15:55				
137	H	15:59				
138	C	16:03				
139	D	16:07				
140	H	16:11				
141	F	16:15				
142	G	16:19				
143	B	16:23				
144	A	16:27				
145	I	16:29				
146	D	16:31				
147	C	16:35				
148	E	16:39				
149	G	16:43				
150	E	16:47				
151	F	16:51				
152	H	16:55				
153	B	16:59				

Ilustración 4 Hoja de Registro Observaciones

Lo primero que se debe establecer es el intervalo de tiempo entre cada observación, esto determinará a su vez la cantidad de observaciones que se podrán recolectar en el día. Es decir si la jornada de trabajo comienza a las 8 am, debemos determinar a qué hora se efectuará la primera observación y cada cuanto tiempo se efectuaran las siguientes.

Ejemplo:

Día 1, primera observación 8:06 am. Con intervalos de tiempo entre observaciones de 4 minutos, por lo que la segunda observación será a las 8:10 am, la tercera a las 8:12 am., y así sucesivamente.

Día 2, primera observación 8:02 am. Con intervalos de tiempo entre observaciones de 4 minutos, por lo que la segunda observación será a las 8:06 am, la tercera a las 8:10 am, y así sucesivamente.

Como se puede apreciar en el ejemplo dado, el intervalo entre las mediciones será una constante en todos los días de trabajo, normalmente el intervalo varía entre 4 y 6 minutos, lo que para una jornada laboral de 8,5 HH, produce un rango de entre 135 y 155 observaciones. Para este caso también debemos notar que la hora de inicio de la medición varía entre los días, esto forma parte de la aleatoriedad del modelo.

Otro aspecto importante de las hojas de recolección de observaciones, es que cada colaborador es identificado con una letra, como ya observamos en la Ilustración 4 Hoja de Registro Observaciones, esto implica que el "colaborador A" será observado a las 8:06 am, y se registrará por observación directa que estaba haciendo en ese momento, por ejemplo: Desayunando, lo que implica que es una actividad no productiva e innecesaria, a menos que en sus funciones tenga un tiempo definido para el desayuno dentro de la jornada laboral, para lo cual esta actividad sería no productiva pero necesaria.

La hoja de recolección proporciona el orden aleatorio de actividades que se ejecutaran en el trabajo de campo, propiciando el levantamiento de observaciones de todos los colaboradores de forma aleatoria durante la jornada de trabajo, y garantizando que todos los colaboradores sean observados en un número similar de veces en la jornada laboral y por relación directa durante todo el estudio.

En la Ilustración 5, se tiene una planilla para 8 colaboradores, y el número de observaciones por colaborador es la siguiente:

Colaborador	Cantidad de Observaciones
A	18
B	19
C	21
D	18
E	24
F	19
G	16
H	18

Ilustración 5 Relación de Observaciones por Colaborador en una Jornada Laboral

Junto a la preparación de las Hojas de Observaciones se deben generar las letras que se asignaran a cada colaborador, las cuales deben tener las dimensiones suficientes para que los consultores las puedan identificar fácilmente, ya que estas letras son el enlace con la hoja de observaciones. (Ilustración 6)

Ilustración 6 Letras Asignadas a los Colaboradores

Iniciar trabajo de campo (Recolección de observaciones)

Una vez definido el plan de trabajo, se debe dar inicio al trabajo de campo, el cual se inicia con una reunión donde se convoque a todos los colaboradores que serán observados en sus actividades diarias. En esta reunión se les informará de la metodología a utilizar para el levantamiento de la información.

La agenda de esta reunión, que no debe durar más de 30 minutos es:

1. Presentar al líder de la iniciativa
2. Explicar la metodología, si proporcionar información detallada sobre los resultados a obtener, indicando la fecha inicial y final del estudio, a la vez y con la firme intención de no modificar los comportamientos en las horas laborales, solicita que cada colaborador tome a su antojo una letra, con la cual será medido en base a lo establecido en la hoja de observaciones. Debe hacerse énfasis en que los consultores cada cierto tiempo preguntarán a los colaboradores ¿Qué está haciendo? Y de ser una actividad productiva[14], se identificara a que proceso del listado responde esa actividad. (esto último si se requiere determinar cuánto tiempo se dedica en cada proceso, basados en las actividades que agregan valor al mismo)
3. Presentar a los consultores que estarán levantando las observaciones
4. Suministrar el listado de procesos
5. Ejecutar una ronda de preguntas y respuestas
6. Proceder a colocar la letra asignada a cada persona en un lugar visible para los consultores
7. Al día siguiente se da inicio al proceso de observación directa de las actividades, el cual debe contar con consultores de procesos durante toda la jornada laboral, por ende debe proveerse rotación del personal de procesos para el almuerzo.

Esta reunión inicial busca reducir el impacto que trae incorporar a personas extrañas a un área para la identificación de sus actividades.

El líder debe realizar la relación correspondiente entre la letra y el colaborador que la posee para en un futuro poder establecer la distribución de actividades en el tiempo de cada colaborador de forma individual. (Ver Ilustración 7)

---

[14] Actividad Productiva: Ver definición en glosario de términos

Colaborador	Colaborador
A	Pedro
B	Juan
C	Ana
D	Luis
E	Alberto
F	Omar
G	Ysabel
H	Ruben

Ilustración 7 Relación de Letras Asignadas Vs Colaboradores

La hoja de observaciones se empezará a llenar de la siguiente forma,

Día de la Toma		13 de Mayo de 2014		Consultor	Pedro Bennasar		
					Suceso Productivo		Proceso
N°	Rol Letra	Hora de Medición	¿Que está haciendo? / Actividad N°		Si	No	N°
1	A	08:06	Desayunando			x	
2	B	08:10	Enviando Email		x		2
3	C	08:14	Revisando Recaudos		x		1
4	D	08:18	Preparando Valija		x		3
5	E	08:22	Asignando Trabajo		x		4
6	F	08:26	Llamada Personal			x	
7	G	08:30	Preparando Equipo		x		0
8	H	08:34	No ha llegado			x	
9	E	08:38	En el Cafetín			x	
10	B	08:42	Hablando con compañeros			x	

Ilustración 8 Ejemplo del Llenado de la Hoja de Observaciones

De la figura anterior, todo lo resaltado en color azul se corresponde con data levantada en campo, por medio de la observación directa.

Procesamiento de los datos (validación a través del gráfico de Proporciones acumuladas / Gráficos de control).

Diariamente cada consultor estará generando hojas de observaciones que deben poseer al menos 135 observaciones, esta información debe quedar registrada en una base de datos única, que contendrá los mismos campos identificados en la hoja de observaciones y adicionalmente:

1. Tipo de actividad (necesaria / innecesaria / almuerzo)
2. Unidad donde se capturó la información

3. Rango de horas de cada observación (mientras menor sea el rango mayor exactitud al momento de generar el gráfico)

La base de datos única quedará como se muestra en la siguiente Ilustración 9

Fecha	Día	Consultor Encargado	Área de medición	Obs.	Rol Letra	Hora de Medición	Rango de Horas de Medición	Si	No	Tipo	¿Que está haciendo? / Actividad N°	Proceso N°
14/05/2014	Martes	Pedro Bennasar	Requerimientos	35	A	08:06	De 8:00 am a 9:00 am		X	Innecesaria	No ha llegado	-
14/05/2014	Martes	Pedro Bennasar	Requerimientos	36	B	08:10	De 8:00 am a 9:00 am	X			Análisis de requerimientos	1
14/05/2014	Martes	Pedro Bennasar	Requerimientos	37	C	08:14	De 8:00 am a 9:00 am	X			Análisis de requerimientos Pagos Errados	2
14/05/2014	Martes	Pedro Bennasar	Requerimientos	38	D	08:18	De 8:00 am a 9:00 am		X	Necesaria	Vacaciones	-
14/05/2014	Martes	Pedro Bennasar	Requerimientos	39	E	08:22	De 8:00 am a 9:00 am	X			Asiste reunión de Manejo del Cambio	-
14/05/2014	Martes	Pedro Bennasar	Requerimientos	40	F	08:26	De 8:00 am a 9:00 am	X			Sacando copias a documentación a cheques devueltos	3
14/05/2014	Martes	Pedro Bennasar	Requerimientos	41	G	08:30	De 8:00 am a 9:00 am	X			Proceso de Cheque devueltos	3
14/05/2014	Martes	Pedro Bennasar	Requerimientos	42	H	08:34	De 8:00 am a 9:00 am	X			Asiste reunión Incidentes de Producción	4
14/05/2014	Martes	Pedro Bennasar	Requerimientos	43	E	08:38	De 8:00 am a 9:00 am	X			Gestión de requerimiento	1
14/05/2014	Martes	Pedro Bennasar	Requerimientos	44	B	08:42	De 8:00 am a 9:00 am	X			Análisis de requerimiento	1
14/05/2014	Martes	Pedro Bennasar	Requerimientos	46	A	08:46	De 8:00 am a 9:00 am	X			Asiste reunión Incidentes de Producción	4
14/05/2014	Martes	Pedro Bennasar	Requerimientos	47	F	08:50	De 8:00 am a 9:00 am	X			Revisión de requerimientos de Cheques antiguos de Back Office	3
14/05/2014	Martes	Pedro Bennasar	Requerimientos	48	E	08:54	De 8:00 am a 9:00 am	X			Sacando copias a documentación a cheques devueltos	3
14/05/2014	Martes	Pedro Bennasar	Requerimientos	49	D	08:58	De 8:00 am a 9:00 am		X	Necesaria	Vacaciones	-
14/05/2014	Martes	Pedro Bennasar	Requerimientos	50	C	09:02	De 9:00 am a 10:00 am	X			En Back Office buscando cheques devueltos	3

Ilustración 9 Ejemplo del Vaciado de la Información en la Base de Datos Única

Normalmente el personal bajo estudio no entenderá la metodología de levantamiento de información, al ver que el consultor salta de puesto en puesto sin un orden específico, esto genera una ventaja ya que el personal del área no modificara el comportamiento habitual en su puesto de trabajo y la información recolectada será confiable, desde el inicio del estudio.

Cálculo de las condiciones finales del estudio.

Una vez concluido el trabajo de campo y consolidadas todas las observaciones en una única base de datos, es el momento de dar inicio al análisis de los resultados obtenidos.

La primera actividad a realizar es revisar cuidadosamente la información de la base de datos, validar que no existen registros sin la información completa en todos sus campos, chequear que las actividades identifican correctamente si son o no productivas, su tipo y estandarizar en la medida de lo posible y sin crear distorsiones, las actividades ejecutadas por los roles evaluados, por ejemplo:

De vacaciones, vacaciones, ausente por vacaciones, etc. Para todas estas actividades se debe estandarizar el nombre ya que representan una misma actividad pero escrita de diversas formas, todas estas actividades en nuestro caso las llamamos vacaciones.

De igual forma, se debe validar que todas las actividades que representen la misma función posean exactamente la misma descripción, esto con la finalidad de poder agruparlas fácilmente con tablas dinámicas y filtros de información.

Luego se deben agrupar por rango de horas todas las observaciones pueden ser en intervalos de 30 minutos o de 60 minutos, en el caso que se coloca como ejemplo se agruparon por intervalos de 60 minutos, es decir se identificaron todas las actividades que ocurrieron entre las 8:00 am y las 9:00 am, y así sucesivamente en una columna denominada Rango de Horas.

Una vez que se tenga certeza de que la base de datos está en condiciones de integridad, confiabilidad y estandarización, podemos dar inicio al análisis de los resultados, a partir de este momento no se debe modificar bajo ninguna razón la información de la base de datos a fin de garantizar que todos los resultados están siendo calculados bajo la misma data, de modificarse cualquier registro en la base de datos se debe iniciar todo el proceso de análisis desde el inicio.

La primera acción a llevar a cabo es la creación de una tabla dinámica con todos los campos de la base de datos, es a partir de esta tabla dinámica desde donde se generaran todos los análisis necesarios.

Para generar la tabla dinámica (usando Excel) seleccione toda la base de datos, luego seleccione insertar > tabla dinámica, y asegúrese de que sea en una nueva hoja de cálculo. Generada la tabla dinámica lo primero que debemos determinar es una tabla dinámica que contenga las siguientes variables:

1. Rango de Horas
2. Cantidad de actividades productivas
3. Cantidad de actividades no productivas, clasificadas en almuerzo, necesarias e innecesarias
4. Total general por rango de horas.

Esta tabla dinámica es la distribución de las observaciones por rango de hora y tipo, quedando como se muestra en la siguiente Ilustración 10

Rango de Hora	Productivas	No Productivas			Total
		Almuerzos	Necesarias	Innecesarias	
De 8:00 am a 9:00 am	566		149	208	923
De 9:00 am a 10:00 am	688		166	91	945
De 10:00 am a 11:00 am	670		167	103	940
De 11:00 am a 12:00 m	509	209	149	67	934
De 12:00 m a 1:00 pm	221	482	178	25	906
De 1:00 pm a 2:00 pm	487	231	127	77	922
De 2:00 pm a 3:00 pm	677	15	156	65	913
De 3:00 pm a 4:00 pm	671		155	101	927
De 4:00 pm a 5:00 pm	434		387	105	926
	4923	937	1634	842	8336

Ilustración 10 Distribución de las Observaciones por rango de hora y tipo

Luego de establecida esta información, se procede a generar una tabla de distribución porcentual sobre estos valores, en este sentido; se toma el total de actividades por cada rango de horas y se determina el % que representa para cada tipo de actividad en ese rango.

Por ejemplo para el rango de 8:00 am a 9:00 am se tienen 566 actividades productivas de un total de 923 actividades, lo que representa 61%, de esta forma se genera la misma tabla de distribución de observaciones por rango de hora y tipo en porcentaje, quedando como se muestra en la Ilustración 11

Rango de Hora	Productivas	No Productivas			Total
		Almuerzos	Necesarias	Innecesarias	
De 8:00 am a 9:00 am	61%	0%	16%	23%	100%
De 9:00 am a 10:00 am	73%	0%	18%	10%	100%
De 10:00 am a 11:00 am	71%	0%	18%	11%	100%
De 11:00 am a 12:00 m	54%	22%	16%	7%	100%
De 12:00 m a 1:00 pm	24%	53%	20%	3%	100%
De 1:00 pm a 2:00 pm	53%	25%	14%	8%	100%
De 2:00 pm a 3:00 pm	74%	2%	17%	7%	100%
De 3:00 pm a 4:00 pm	72%	0%	17%	11%	100%
De 4:00 pm a 4:30 pm	47%	0%	42%	11%	100%
	59%	11%	20%	10%	100%

Ilustración 11 Distribución de Observaciones por rango de hora y tipo en porcentajes

Con esta tabla ya construida se procede a establecer las primeras conclusiones directas sobre el estudio efectuado en el área.

Por ejemplo:

1. El máximo nivel de productividad ocurre de 2 a 3 pm con 74% de las actividades productivas.
2. El 59% de las actividades del área en la jornada laboral son actividades productivas
3. Las actividades innecesarias tienen su pico máximo de 23% entre las 8 y las 9 am

Esta última tabla la podemos representar gráficamente, seleccione la tabla sin incluir los totales, luego seleccione insertar > gráfico de área apilada, obteniéndose un gráfico de distribución del uso del tiempo en el área en estudio, tal como se muestra en la Ilustración 12

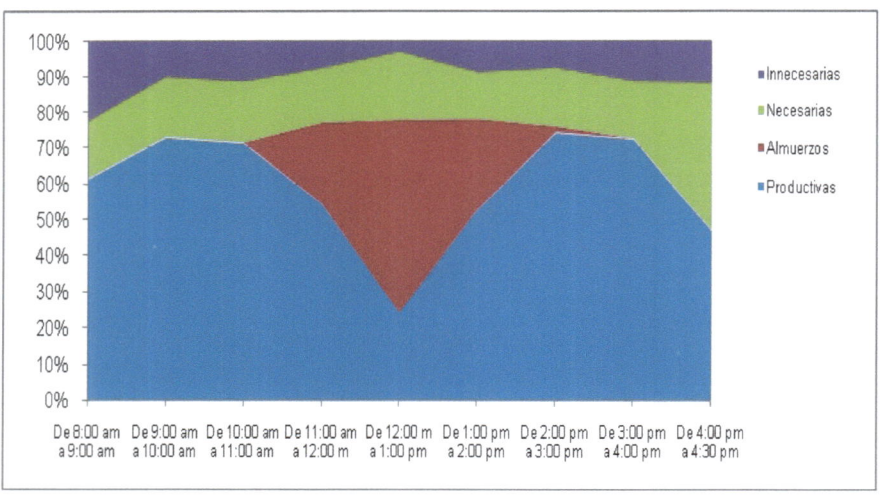

Ilustración 12 Distribución del uso del tiempo en el área en estudio

La comparación de la Ilustración 12 vs. la Ilustración 2, dará como resultado las diferencias entre lo esperado y la realidad de la distribución del uso del tiempo. En el siguiente gráfico se muestra la comparación a la que se hace referencia, destacando con una línea blanca pespunteada el nivel esperado de las actividades productivas sobre el gráfico real obtenido producto de las observaciones efectuadas en el área, las cuales totalizaron 8.336 observaciones.

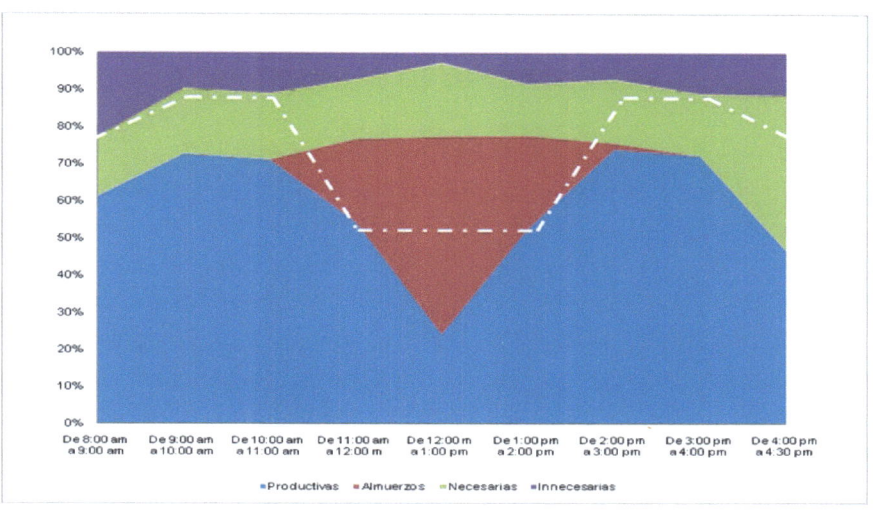

Ilustración 13 Comparación entre los valores esperados de productividad y los resultados obtenidos en el estudio

Con este gráfico (Ilustración 13) se hacen evidentes las distorsiones de productividad del área.

Rápidamente podemos presumir que:

Las actividades productivas promedio representan el 59% y no llegan en ningún momento de la jornada al estándar sostenido del 89%. Existe un alto volumen de actividades no productivas 41% (Almuerzo+ Necesarias+ Innecesarias), siendo el estándar 25,6%

1. El Máximo nivel de actividades productivas es 74% de la capacidad, logrado entre las 2 pm y 3 pm., teniendo un promedio en la jornada de 59%
2. Retrasos al inicio de la jornada, teniendo 61% de actividades productivas, 16% de actividades necesarias, 23% de actividades innecesarias.

3. Para el almuerzo se observa que un 2% llega sobre las 2-3 pm. En promedio cada FTE[15] se toma 57 minutos para almorzar.
4. El volumen de actividades no productivas es del 41%, siendo el estándar 25,6%.(Necesarias + Innecesarias + Almuerzos)
5. A partir de las 4 pm se observa una caída brusca del nivel de productividad.

Luego debemos clasificar las actividades productivas con la finalidad de validar a detalle en qué tipo de actividades dedicamos el 80% del tiempo. Para ello en la tabla dinámica seleccionamos que está haciendo y lo colocamos en rótulo de fila y repetimos el mismo ítem que está haciendo y lo colocamos en valores, luego en filtro colocamos que es una actividad productiva (SI), obtendremos una tabla como la que se muestra a continuación (Ilustración 14):

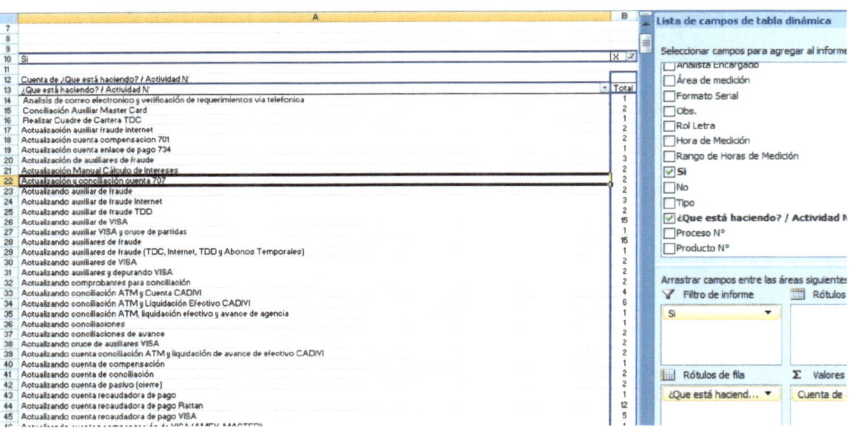

Ilustración 14 Listado de Actividades Productivas

Con esta tabla dinámica, la copiamos y generamos una tabla que contendrá el 100% de las actividades, es decir; a este lote de actividades le estaremos incorporando las actividades innecesarias como un ítem aparte y las actividades necesarias, esta tabla la ordenaremos de mayor a menor garantizando que las actividades innecesarias y necesarias queden en el top de la tabla, quedando como se muestra en la siguiente figura (Ilustración 15).

---

[15] Ver definición en Glosario de Términos

Que está haciendo / Actividad N°?	Total
Innecesaria	842
Necesaria	1634
Almuerzo	937
En Reunión	241
Gestión de correos	191
Analizar Casos	183
Imprimiendo	162
Atención de casos de Crédito (por correo)	142
Prestar Apoyo / Trabajo Especial	126

Ilustración 15 Listado de Actividades y cantidad de veces que se observo

Una vez que se tiene esta tabla se establece el porcentaje que representa cada actividad del total de actividades (% Individual) y el porcentaje acumulado de las actividades (% Acumulado).

El % Individual no es más que la división del número de veces que se observó la actividad entre la suma de todas las actividades (Ejemplo: 842 veces se observaron actividades innecesarias / 8.336 observaciones = 10%), quedando la tabla como se muestra. (Ver Ilustración 16)

Que está haciendo / Actividad N°?	Total	% individual	% Acumulado
Innecesaria	842	10%	10%
Necesaria	1634	20%	30%
Almuerzo	937	11%	41%
En Reunión	241	3%	44%
Gestión de correos	191	2%	46%
Analizar Casos	183	2%	48%
Imprimiendo	162	2%	50%
Atención de casos de Crédito (por correo)	142	2%	52%
Prestar Apoyo / Trabajo Especial	126	2%	53%
Gestionar Requerimientos Gestor de reclamos (Crédito)	120	1%	55%
Procesar Liquidación de Créditos	119	1%	56%
Entrenamiento (Dar/Recibir)	116	1%	58%
Revisando correo de trabajo	88	1%	59%
Archivar contratos Crédito	87	1%	60%
Gestionar Requerimientos de Gestor de reclamos	81	1%	61%

Ilustración 16 Distribución Porcentual de las Actividades observadas

A esta misma tabla le incorporaremos el concepto de minutos equivalentes, para lo cual primero debemos determinar cuantos minutos contiene la jornada laboral, en el caso que nos ocupa, la jornada laboral inicia a las 8 am y finaliza a las 4:30 pm, lo que tiene un total de 8 horas 30 minutos que en minutos se traduce en 510 minutos/jornada.

Luego a la tabla ya construida le agregamos la columna de minutos equivalentes, con la cual estableceremos cuanto tiempo de una jornada dedicamos a cada una de las actividades identificadas. Por ejemplo: actividades innecesarias 10% de 510, es igual a 51 minutos/jornada, tiempo que dedica un FTE (recurso) en la jornada a esa actividad. Aplicando el mismo concepto a todas las actividades tendremos la siguiente tabla. (Ver Ilustración 17)

Que está haciendo / Actividad N°?	Total	% individual	% Acumulado	Minutos Equivalentes Día
Innecesaria	842	10%	10%	52
Necesaria	1634	20%	30%	100
Almuerzo	937	11%	41%	57
En Reunión	241	3%	44%	15
Gestión de correos	191	2%	46%	12
Analizar Casos	183	2%	48%	11
Imprimiendo	162	2%	50%	10
Atención de casos de Crédito (por correo)	142	2%	52%	9
Prestar Apoyo / Trabajo Especial	126	2%	53%	8
Gestionar Requerimientos Gestor de reclamos (Crédito)	120	1%	55%	7
Procesar Liquidación de Créditos	119	1%	56%	7
Entrenamiento (Dar/Recibir)	116	1%	58%	7
Revisando correo de trabajo	88	1%	59%	5
Archivar contratos Crédito	87	1%	60%	5
Gestionar Requerimientos de Gestor de reclamos	81	1%	61%	5

Ilustración 17 Relación de Actividades Vs Minutos dedicados en la Jornada

A esta misma tabla se le debe incorporar la cantidad de recursos ya que hasta este momento hablamos de cómo distribuye un FTE el tiempo en la jornada, pero si la medición se realizó sobre 20 Colaboradores, entonces sabremos cuantos FTE se dedican en una jornada a esa actividad. Por ejemplo para el caso que nos ocupa 20 colaboradores fueron medidos, 10% de esos FTE para las actividades innecesarias representan 2 FTE, lo que implica que si colocamos a 2 FTE a hacer las actividades innecesarias durante la jornada laboral, el resto de los FTE (18) pueden de igual forma hacer el trabajo productivo, claro está bajo la premisa de tener robots ejecutando tareas sin parar y no la premisa de que estamos trabajando con personas. La siguiente ilustración muestra cómo quedaría la tabla final. (Ver Ilustración 18)

Que está haciendo / Actividad N°?	Total	% individual	% Acumulado	Minutos Equivalentes Día	FTE'S
Innecesaria	842	10%	10%	52	2,02
Necesaria	1634	20%	30%	100	3,92
Almuerzo	937	11%	41%	57	2,25
En Reunión	241	3%	44%	15	0,58
Gestión de correos	191	2%	46%	12	0,46
Analizar Casos	183	2%	48%	11	0,44
Imprimiendo	162	2%	50%	10	0,39
Atención de casos de Crédito (por correo)	142	2%	52%	9	0,34
Prestar Apoyo / Trabajo Especial	126	2%	53%	8	0,30
Gestionar Requerimientos Gestor de reclamos (Crédito)	120	1%	55%	7	0,29
Procesar Liquidación de Créditos	119	1%	56%	7	0,29
Entrenamiento (Dar/Recibir)	116	1%	58%	7	0,28
Revisando correo de trabajo	88	1%	59%	5	0,21
Archivar contratos Crédito	87	1%	60%	5	0,21
Gestionar Requerimientos de Gestor de reclamos	81	1%	61%	5	0,19

Ilustración 18 Distribución de los FTE´s vs Actividades ejecutadas en una Jornada Laboral

Con esta información podemos sacar nuevas conclusiones, la primera de ellas es que 2,02 FTE´s parece que sobran en el área, la segunda es que la actividad más repetida catalogada como productiva es "En Reunión", dedicando 0,58 FTE´s al día para esta actividad.

Bajo las mismas premisas se deben construir tablas para las actividades no productivas, a fin de establecer cuáles son las actividades a las que más tiempo se dedica dentro de cada tipo y tomar las acciones necesarias, quedando la tabla de la siguiente manera: (Ver Ilustración 19)

Que está haciendo / Actividad N°?	Total	% individual	% Acumulado
Almorzando	937	27%	27%
Ausente - Reposo	613	18%	45%
Ausente - Vacaciones/Permiso	595	17%	63%
Ausente - No está en su puesto	267	8%	71%
Finalizó	249	7%	78%
En el Baño	156	5%	83%
Ausente - No ha llegado	150	4%	87%
Conversando Temas Personales	128	4%	91%
En Internet	61	2%	92%
Finalizó antes de 4:30 pm	47	1%	94%
Enviando SMS Personal	42	1%	95%
En el Cafetín	41	1%	96%
Hablando por teléfono	28	1%	97%
Configuración de Equipo	18	1%	98%
Atendiendo asuntos personales	11	0%	98%

Ilustración 19 Actividades No Productivas

De igual forma identificamos el listado de actividades no productivas con foco en las innecesarias.

Todos estos porcentajes que hemos mencionado se relacionan directamente con la jornada laboral, es decir para el caso en estudio la jornada laboral consta de 7,5 Horas + 1 hora de almuerzo, lo que implica 8,5 horas hombre representadas en las tomas efectuadas por un periodo de 15 días (8.883 observaciones).

Cada vez que mencionemos un porcentaje, implica directamente una cantidad de horas dedicadas a esa actividad, por ejemplo al inicio del análisis hablamos de 59% del tiempo dedicado a actividades productivas, es decir 8,5 HH/jornada x 59% = 5,01 HH de la jornada son dedicadas a las actividades productivas. Esto implica que 3,49 HH son dedicadas a hacer cualquier cosa, pero no a la razón de ser del área.

Visto que tenemos una base de datos única, podemos analizar la información desde lo macro (el área completa) hasta los colaboradores involucrados en las actividades y determinar cuáles contribuyen en mayor medida a las actividades productivas y cuáles son los que menos colaboran en el objetivo del área.

Como vemos tenemos infinidad de combinaciones que permitirán determinar cuál es el comportamiento del equipo de trabajo durante una jornada laboral y sus implicaciones, lo cual es una herramienta fundamental para la toma de decisiones de cualquier gerente.

Presentación de resultados

La presentación de los resultados es una parte fundamental de cualquier estudio de tiempos, sus conclusiones deben ser contundentes, inobjetables, la credibilidad del consultor de procesos se pone a prueba en cada presentación de resultados, más aun si las noticias a dar son de alto impacto para las áreas en estudio.

El comportamiento humano normalmente buscará:

1. Desacreditar el estudio.
2. Justificar las desviaciones.
3. Redireccionar las responsabilidades.

La labor del equipo de procesos es disipar toda duda posible sobre el estudio, no permitir la justificación ni discutir sobre ella y apoyar en la toma de decisiones que sean necesarias para ayudar a la gerencia a mejorar. Por todo esto es fundamental tener certeza de toda conclusión que se presente, no dejar cabida a la duda y mantener una posición de absoluta imparcialidad ante el tema, con disposición plena a apoyar en la soluciones.

La presentación debe tener una estructura básica, con visión amplia (macro) y bajando a detalle de los problemas identificados de una forma absolutamente guiada (micro).

La estructura sugerida es la siguiente:

1. Objetivo de la presentación

    - Alinear a la audiencia en el objetivo del estudio y de la presentación

2. Metodología del estudio de muestreo del trabajo:

    - Breve explicación de la metodología, sus conceptos básicos

3. Gráfico de capacidades IDEAL

    - Permitir a la audiencia conocer que se espera como resultado del estudio y tener un punto de referencia al ver sus propios resultados. (Línea Pespunteada)

4. Estructura organizativa del área en estudio

    - Donde se visualiza el head count, la estructura jerárquica y dará el camino a la presentación de resultados de lo macro (Ejemplo Vicepresidencia completa) a lo micro, una Coordinación dentro de una Vicepresidencia e incluso los colaboradores que la conforman.

5. Resultados generales de la gerencia

    - Ficha técnica del estudio (Ilustración 20), mostrando fecha de inicio y fin, cantidad de observaciones realizadas, numero de medidores que participaron, jornada laboral, y cualquier información relevante para el estudio

    Resultados Generales

    Ficha Técnica del Estudio

    1. **Fechas:**
        1. Del 14/05/2013 al 16/05/2013
        2. Del 27/05/2013 al 17/06/2013

    2. **Horas:**
        1. De 8:00 am a 5:00 pm.

    3. **Ejecutores:**
        1. Participaron 2 consultores externos para las mediciones.

    4. **Datos obtenidos:**
        1. 8.336 Observaciones (N)

    5. **Base de Calculo**
        1. Jornada Laboral: 8. 5 Horas
        2. Almuerzo: 1 Hora
        3. Tiempo Efectivo: 6,33

    Ilustración 20 Ficha Técnica del Estudio

6. Resultados de las áreas (Ilustración 21 a la Ilustración 25)

Resultados Generales de la Gerencia

Las actividades productivas promedio representan el 59% y no llegan durante la jornada al estándar sostenido del 89% en ningún momento de la jornada. Existe un alto volumen de actividades no necesarias 41%, siendo el estándar 25,6%

1.- El Máximo nivel de actividades productivas es 74% de la capacidad, logrado entre las 2 pm y 3 pm. Teniendo un promedio en la jornada de 59%

2.- Retrasos al inicio de la jornada, teniendo 61% de actividades productivas, 16% de actividades necesarias, 23% de actividades innecesarias.

3.- Para el almuerzo se observa que un 2% llega sobre las 2-3 pm. En promedio cada FTE se toma 57 minutos para almorzar.

4.- El volumen de actividades no productivas es del 41%, siendo el estándar 25,6%. (Necesarias + Innecesarias + Almuerzos)

5.- A partir de las 4 pm se observa una caída brusca del nivel de productividad.

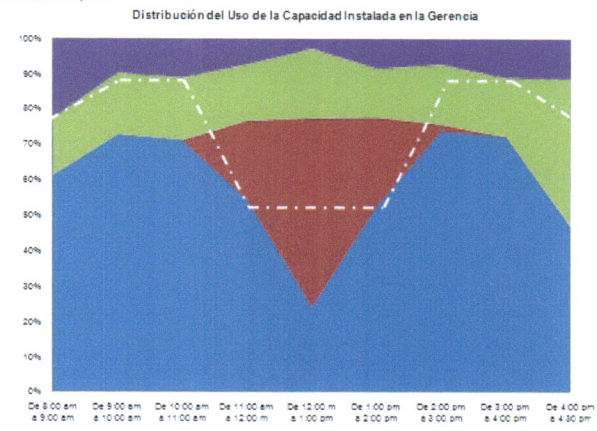

Ilustración 21 Resultados Generales (Ejemplo)

Resultados Generales de la Gerencia

Las actividades innecesarias ocupan 25% de las actividades no productivas lo que representa 2,02 recursos (FTE) durante la jornada laboral (JL), que se traduce 17,17 HH/JL.

El 59% de las actividades realizadas por los FTE's son productivas y representan 11,81 FTE, con una relación de 100,4 Horas sobre 170 de la jornada para 20 personas (*)

El 41% de las actividades se pueden catalogar como No Productivas, donde:

- 27% son Almuerzos.
- 48% son Necesarias, representando 3,92 FTE de la jornada laboral (33,32 HH) (Baño, reposos, vacaciones, etc.)
- 25% son Innecesarias, representando 2,02 FTE en la jornada laboral (17,17 HH)

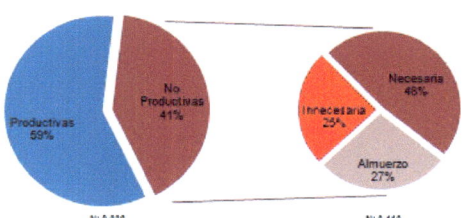

Ilustración 22 Resultados Generales (ejemplo Actividades Innecesarias)

pág. 41

Resultados Generales de la Gerencia

Listado de las actividades innecesarias, que representan el 25% de las actividades No Productivas y el 9,8% del total de actividades ejecutadas

Actividades Innecesarias	Cantidad de Observaciones	% de las Innecesarias	% del Total General
Ausente - No está en su puesto	267	31,7%	3,2%
Ausente - No ha llegado	150	17,8%	1,8%
Conversando Temas Personales	128	15,2%	1,5%
En Internet	61	7,2%	0,7%
Finalizó antes de 4:30 pm	47	5,6%	0,6%
Enviando SMS Personal	42	5,0%	0,5%
En el Cafetín	41	4,9%	0,5%
Otras	78	12,6%	0,9%
Totales	814	-	9,76%

Ilustración 23 Resultados Generales (Ejemplo Listado de Actividades Innecesarias)

Resultados Generales de la Gerencia

La vista global de los resultados para la gerencia se resumen en la siguiente tabla:

Tipo de Actividad	Relación %	HH Jornada (1 FTE)
Productivas	59%	5,02
Almuerzo	11%	0,96
Necesarias	20%	1,67
Innecesarias	10%	0,86

Ilustración 24 Resultados Generales (Ejemplo Distribución del tiempo de la Jornada)

Para cada área que conforma la gerencia general deben mostrarse los mismos resultados en el mismo orden y de ser necesario para cada FTE que conforme un área en particular.

7. Resumen general de resultados vs. objetivo

Resumen General de resultados

Ilustración 25 Resumen General de Resultados por tipo de actividad

8. Conclusiones

   - Las cuales ya a estas alturas de la presentación deben ser absolutamente conocidas para toda la audiencia, visto que la presentación de los resultados está construida de forma deductiva

9. Recomendaciones

   - Cada conclusión debe estar relacionada con una acción/recomendación

"Aprender haciendo crea conocimiento y confianza, aprender escuchando, leyendo o mirando crea la falsa sensación de conocimiento"

Ing. Pedro Bennasar

La Documentación de Procesos

Los Niveles de la documentación

En toda organización existe una estructura jerárquica, la cual se representa bajo los típicos organigramas funcionales, donde gráficamente se hacen fácilmente visibles los diferentes niveles jerárquicos que dan estructura a la organización.

Cada uno de estos niveles jerárquicos tiene en sí mismo una necesidad particular de información, por ejemplo el Vicepresidente no tiene la misma necesidad de información que un analista, por ende es necesario ajustar la documentación a la necesidad de información de cada nivel.

Para satisfacer esta necesidad se crea la pirámide documental (Ilustración 26), que no es más que la relación entre los niveles de la organización y la necesidad de información para ejecutar las funciones en el cargo que se desempeña.

La Ilustración 26 muestra esta relación, entendiéndose que el nivel más alto de la organización es el nivel 1, quien requiere como información documentada de sus respectivas áreas, Macroproceso, Arquitectura de procesos, Documento de organización, Documento de políticas, etc.

En el otro extremo de la pirámide se encuentra el analista (nivel 4), quien para ejecutar sus funciones netamente operativas requiere específicamente el procedimiento (paso a paso) de sus actividades.

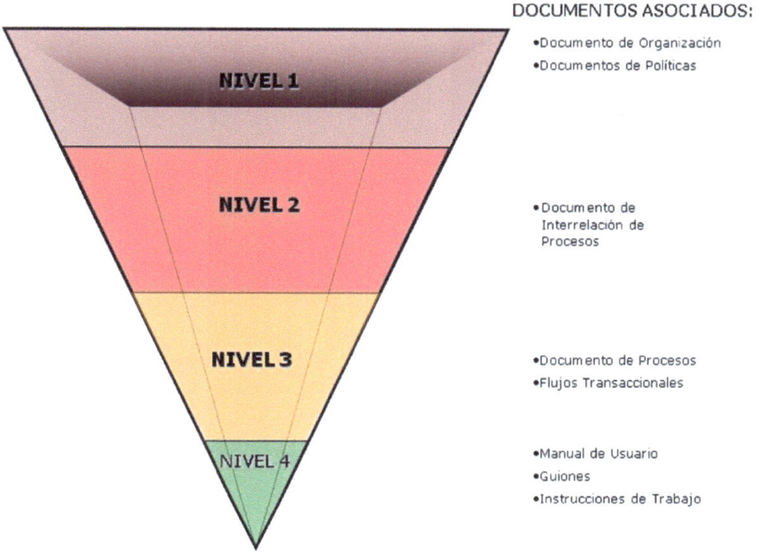

NIVEL 1
- Documento de Organización
- Documentos de Políticas

NIVEL 2
- Documento de Interrelación de Procesos

NIVEL 3
- Documento de Procesos
- Flujos Transaccionales

NIVEL 4
- Manual de Usuario
- Guiones
- Instrucciones de Trabajo

DOCUMENTOS ASOCIADOS:

Ilustración 26 Pirámide Documental

En líneas generales, la pirámide documental, se enlaza con la pirámide de la estructura jerárquica de la organización, quedando una relación como la que se muestra en la Ilustración 27

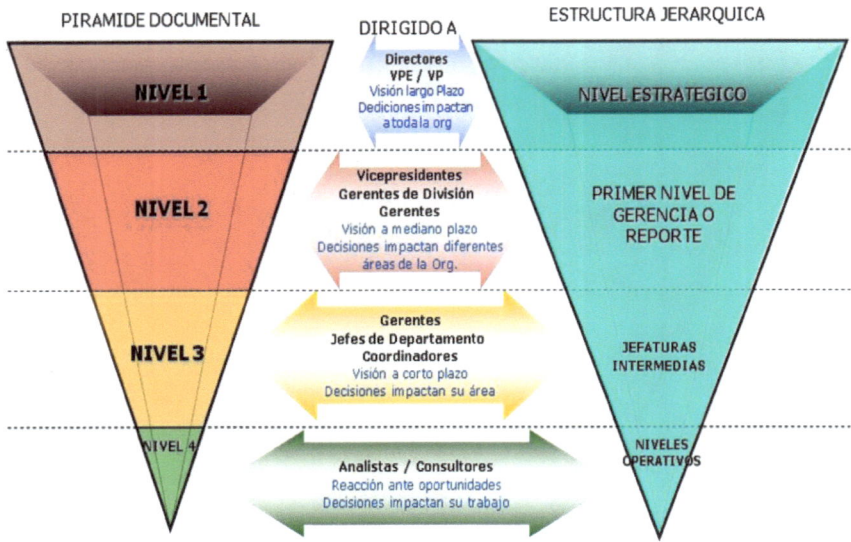

Ilustración 27 Relación entre la Pirámide Documental y la Estructura Documental.

Los Tipos de documentos

En toda organización se debe definir el uso que tendrá cada documento, para ello se describen los diferentes tipos de documentos a los que se hacen mención en los niveles de documentación. (Ilustración 28)

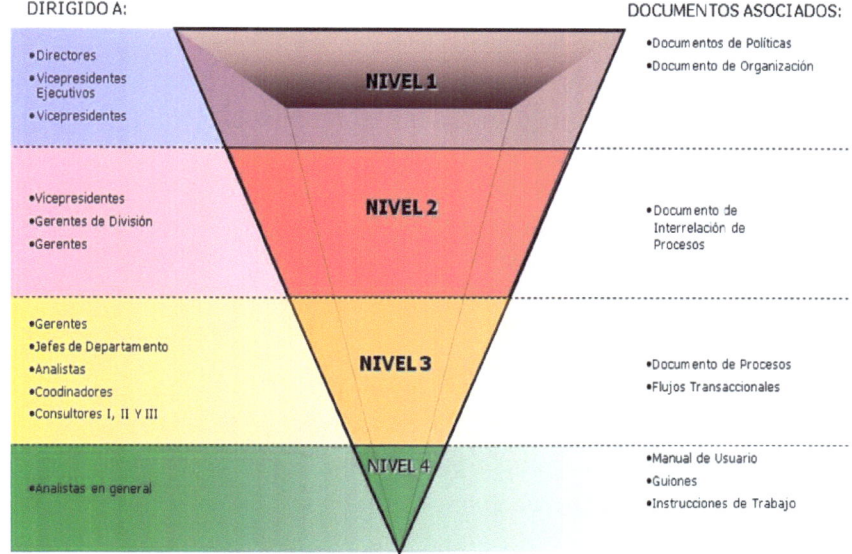

Ilustración 28 Relación Cargos / Pirámide Documental / Documentos

El Documento de Políticas, recopila las declaraciones y lineamientos de alto nivel que soportan la estrategia de la organización y su modelo de negocio para definir el marco de actuación para realizar acciones y operacionalizar las estrategias del negocio.

Contenido
1. Objetivo
2. Alcance
3. Políticas
4. Aprobación de Documento
5. Historial de Cambios del Documento

Características de las políticas:

- Deben estar redactadas de manera clara y sencilla

- Deben ser generadas por los dueños del negocio
- Cualquier excepción de las políticas deben ser redactadas como normas, en los documentos de procesos donde corresponda
- Deben ser lo suficientemente amplias para no modificarse con frecuencia
- Debe asegurarse su divulgación y conocimiento, al menos, entre el personal involucrado en su cumplimiento.

Documento de Organización, es un documento que muestra la misión, visión, cadena de valor funcional, estructura organizativa y funcional ofreciendo una vista estructural de los cargos, roles y funciones de la Unidad, así como sus políticas y dimensionamiento. Para ello se ofrece una base teórica referencial que permitirá la representación de dichas estructuras en forma gráfica y descriptiva.

Documento de Interrelación de Procesos, describe la relación de procesos genéricos / específicos para la generación de un producto o servicio (de inicio a fin)

Contenido
1. Normas de los Procesos
2. Relación Inter-funcional de Procesos Genéricos – Específicos
3. Indicadores del Producto / Servicio
4. Listado de documentos relacionados hacia el nivel 1 y hacia el nivel 3, y otros del nivel 2.
5. Aprobación del Documento
6. Historial de Cambios del Documento
7. Generalidades del Proceso

Este documento tiene como fuente principal de construcción los nombres de los documentos de procesos (es decir los procesos documentados o no), ya que como su nombre lo indica mostrara como se relacionan en un diagrama los diferentes procesos que intervienen para la creación de un producto o servicio, siendo las normas que describe este documento las generalidades del producto/servicio, es decir normas que aplican a todos los procesos que conforman la cadena de valor.

Este documento logra en el cliente un gran impacto ya que permite visualizar todos los procesos de un mismo producto, su interrelación e incluso que procesos faltan por documentar, ya que estos últimos deben incluirse en el documento e identificarse con otro color a fin de determinar que el mismo es una etiqueta y no un documento de procesos.

Documento de Procesos Documento que describe una secuencia lógica de actividades que tienen como inicio un insumo y como fin un producto/servicio. Este tipo de documentos refleja el detalle de los procesos genéricos y específicos

Contenido
1. Normas del Proceso.
2. Secuencia de actividades del Proceso, detallado INICIO - FIN, con todas las áreas que intervienen.
3. Indicadores del proceso.
4. Listado de documentos relacionados hacia el nivel 2 y hacia el nivel 4, y otros del nivel 3.
5. Aprobación del Documento
6. Historial de Cambios del Documento
7. Generalidades del Proceso

Flujos Transaccionales Es la descripción gráfica en forma secuencial de las actividades ejecutadas por componentes tecnológicos

Contenido
1. Normas del Proceso, normalmente reglas del sistema
2. Secuencia de actividades del flujo, detallado INICIO - FIN, con todos los sistemas que intervienen.
3. Indicadores del proceso.
4. Listado de documentos relacionados hacia el nivel 2 y hacia el nivel 4, y otros del nivel 3.
5. Aprobación del Documento
6. Historial de Cambios del Documento

Manual de Usuario, es un documento que muestra el paso a paso empleado en la interacción individuo – máquina (Sistema) para la ejecución de actividades de un proceso. Su contenido está asociado al contenido del documento de procesos pero es su desarrollo se observan actividades de interacción entre el usuario y el sistema.

Instrucción de Trabajo (procedimientos) Documento que indica las tareas al mínimo nivel de especificidad al ejecutar un proceso.

> **Contenido**
> 1. Normas
> 2. Descripción de Actividades (Narrativa)
> 3. Lista de Procesos relacionados Nivel 3 y otros documentos nivel 4
> 4. Aprobación del Documento
> 5. Historial de Cambios del Documento

Acuerdos de Servicio, son documentos que se utilizan para dar un marco referencial de cumplimiento de tiempos y estándares de entrega de información entre las áreas, sin embargo es necesario aclarar que los acuerdos de servicio son evidencias de documentos de procesos no elaborados, mal elaborados o sin las especificaciones necesarias para ser entendido por todas las áreas que intervienen en el proceso. En general un documento de proceso con indicadores correctamente definidos, con actividades claramente descritas en el diagrama de procesos y normas bien redactadas, no dará cabida a la necesidad de un acuerdo de servicio.

"La única forma de lograr lo que parece imposible, es haciéndolo y en el proceso de hacer, lo imposible se transformara en posible"

Ing. Pedro Bennasar

Metodología para el análisis de procesos (Optimización)

Bases fundamentales para la optimización de procesos

Toda empresa sea de producción o de servicio, basa sus operaciones en la gestión efectiva y eficiente de sus procesos. La comparación de dos empresas dedicadas a la misma actividad económica y con el mismo potencial de crecimiento se diferenciará por dos elementos fundamentales, el primero de ellos la calificación de sus empleados (Personas) y el segundo la eficiencia de sus procesos (Procesos).

El proceso es la fuente fundamental del "kwon how" de la empresa, cuando se tienen procesos estandarizados, divulgados, con foco en la necesidad del cliente, con un balance entre el costo del proceso, el nivel de producción y su efectividad en calidad de respuesta frente a las demandas del cliente, se garantizara el éxito, pero solo si a ello le agregamos el componente humano necesario para ejecutarlos.

Las empresas de servicio generan sus ingresos producto de la calidad de su atención, de la rapidez y de la confiablidad, es por ellos que la metodología para gestionar los procesos es fundamental en cualquier empresa que desee ser reconocida por su calidad de servicio.

Toda optimización de procesos debe iniciar por la identificación de la necesidad del cliente interno o externo. Una vez identificado el proceso que requiere una mejora se debe proceder bajo una metodología estándar que consta de 3 etapas fundamentales:

- Definición
- Investigación
- Análisis

Estas etapas de cumplirse correctamente, producirán como resultado un diagnóstico adecuado del problema, permitiendo al equipo de trabajo enfocarse en resolver las principales causas raíces de los problemas.

Etapa de Definición

En esta primera etapa se debe:

- Identificar el proceso de principio a fin (end to end)
- Identificar los subprocesos que complementan el proceso principal
- Entender todas las entradas y salidas del proceso
- Identificar las "partes interesadas" del proceso y las expectativas que ellos tienen, así como entender "la voz del cliente", es decir, lo que espera del proceso el "cliente interno y/o externo".

Una vez conocidos los ítems anteriores se debe proceder a determinar indicadores actuales del proceso, que permitan establecer el éxito de la intervención, basado siempre en la expectativa de las partes interesadas.

Etapa de Investigación

Es el momento en el que se da inicio al trabajo de campo.

Bajo la premisa de que un consultor de procesos, es aquel que es capaz de reunir toda la evidencia necesaria de un proceso para determinar de forma cierta la causa raíz de los problemas, propiciando acciones que mitiguen su ocurrencia o incidencia sobre el proceso/servicio/producto.

La etapa de investigación busca comprender el desempeño actual del proceso a través de métricas claves, es aquí donde el consultor de procesos debe tener la capacidad para determinar:

- Tiempo del proceso (total y por sub-procesos)
- Errores o fallas del proceso y su sub-clasificación por tipo de errores)
- Horas / hombre total en el proceso
- Unidades producidas en el tiempo
- Otros indicadores asociados a las expectativas de "las partes interesadas"
- Obtener los valores de dichas métricas (Medir)

Toda investigación de procesos debe incluir en su desarrollo la investigación de los errores que ocurren en el proceso, como guía se sugiere llenar la tabla siguiente (Ilustración 29):

Tipo de error	Descripción	Frecuencia	Consecuencias

Ilustración 29 Tabla para el desglose de los errores identificados

El análisis de procesos es básicamente un análisis de valor, es determinar que "agrega valor" y que "destruye valor" en un proceso. Por Ejemplo: Todo lo que implique demora, espera, o actividades que al ser eliminadas no impactan en el resultado final, son actividades que se catalogan como que destruyen valor.

En las empresas de servicio los procesos deben ser fluidos, es decir evitar el trabajo por lotes, a su vez se debe garantizar que en cada etapa del proceso se ejecuten de forma correcta las actividades, ya que de no hacerlo se generara retrabajo en otro punto de la cadena de procesos, y retrabajo es tiempo, lo cual disminuye la calidad de servicio y aumenta el costo del proceso.

- **¿Qué es valor agregado?:**

    - Hacer las cosas correctas

- Hacer las cosas bien la primera vez (eficientemente, con altos estándares de calidad) usando la mínima cantidad de recursos

- **¿Qué es destrucción de valor?:**
    - Hacer las cosas incorrectas o hacer las cosas correctas de forma ineficiente
    - Cualquier recurso adicional a lo absolutamente esencial (equipos, materiales, partes, espacios físicos, tiempo de los trabajadores, etc.) para agregar valor al producto

Durante la etapa de investigación se hace necesario el levantamiento de los tiempos del proceso, para lo cual es indispensable contar con las actividades que se ejecutan, definiendo el inicio y el fin de cada una. Esta toma de tiempos no es más que un estudio de tiempos y movimientos que nos permitirá determinar cómo cada actividad contribuye al tiempo total del proceso. Esta actividad se puede hacer de al menos dos formas:

1. Medición en campo
2. Información estadística provista por el área dueña del proceso

Lo ideal es utilizar ambas metodologías y establecer un estándar de comportamiento del proceso, es decir que es lo que normalmente ocurre en el 80% de las oportunidades en las que el proceso se ejecuta.

Para representar una toma de tiempos se debe utilizar lo que denominamos "escalera de tiempos" (Ilustración 30), que no es más que la representación gráfica de las actividades en el tiempo, lo que permitirá ilustrar a terceros de forma rápida y sencilla sobre el comportamiento del proceso.

A su vez cada actividad de la escalera estará dividida en el tiempo que transcurre la actividad donde se está agregando valor (verde) y el tiempo donde no se agrega valor (rojo), lo que ayudará al análisis posterior, ya que el foco debe ser eliminar en la medida de lo posible toda actividad que no agrega valor al proceso. A su vez la misma escalera muestra en color azul el tiempo total del proceso (actual). Esta escalera de tiempos debe mantenerse como indicador de éxito del proyecto ya que posteriormente al implantar y estabilizar el proceso se debe medir nuevamente bajo los mismos parámetros y la comparación del resultado de ambas escaleras proporcionará un claro indicador de éxito. Normalmente al medir procesos de servicio, el 90% o más de sus tiempos son actividades que no agregan valor, sin embargo; la organización mide el costo de eliminar todas las actividades y decide convivir con ellas. En el ejemplo mostrado en la escalera de la Ilustración 30 el 31% (11.92 HH) del tiempo corresponde a actividades que agregan valor y el 69% (25.97 HH) de las actividades se corresponden con fracciones de tiempo en esas mismas actividades que no agregan valor.

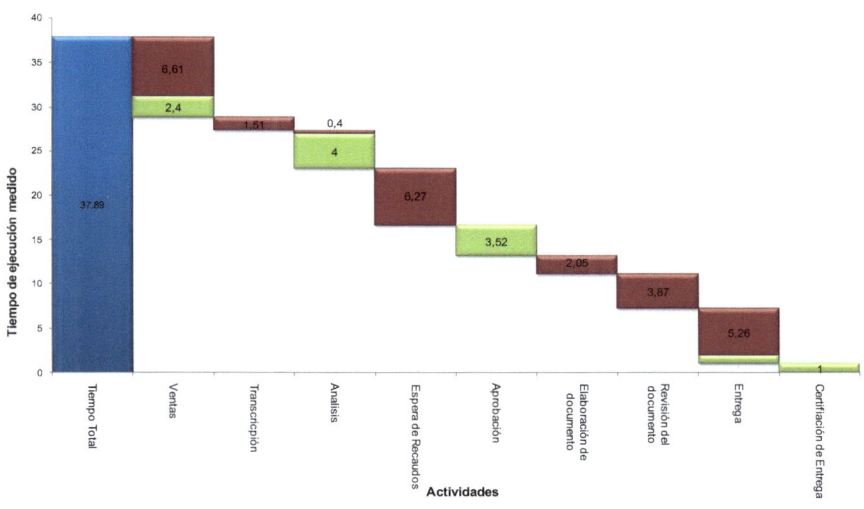

Ilustración 30 Escalera de tiempos

Evidentemente cualquier mejora del proceso debe enfocarse en la reducción de todas aquellas actividades que contribuyen a incrementar el tiempo del proceso sin agregarle valor al mismo.

La pregunta clave en toda optimización de procesos es

¿Estaría el cliente dispuesto a pagar por este servicio/actividad?

Este mismo gráfico (escalera de tiempos), servirá como referencia durante todo el trabajo de optimización, ya que representa los indicadores iniciales del proceso, a su vez se puede identificar el objetivo buscado y una vez implantadas las mejoras se podrá comparar para determinar los logros obtenidos en el proyecto.

En la etapa de investigación, el consultor de procesos debe familiarizarse con el proceso, para lo cual es necesario vivir el proceso como cliente y como ejecutor, conocerlo a detalle es parte fundamental de un buen trabajo de investigación.

Esta etapa de investigación es la que permitirá establecer todos los síntomas con precisión, es decir si el proceso fuese un paciente y el consultor el médico tratante, en esta etapa se determinarían todos los síntomas de la enfermedad, temperatura alta (cuanto), dolor de cabeza (que tan agudo), malestar general (en determinada escala cuanto es el valor), esta etapa no concluye nada se limita a levantar toda la información posible, creando un conocimiento robusto de lo que en el proceso ocurre.

Etapa de Análisis

Al llegar a esta etapa el esfuerzo se centra en listar los principales problemas encontrados en el proceso y causa raíz, apoyados en el levantamiento de información efectuado en la fase de investigación. Una vez definida la lista de problemas es el momento de generar las posibles soluciones con el impacto esperado, inicialmente con el conocimiento del consultor de procesos y luego en mesas de trabajo donde se presenta el diagnostico, los síntomas, los problemas y sus posibles soluciones, en las cuales es importante que el dueño del proceso participe y se empodere de las soluciones acordadas y clasificadas en soluciones a corto, mediano y largo plazo, con el impacto estimado que causara en la mejora del desempeño del proceso.

"Transforma tus problemas en retos, tus retos en metas y tus metas en pequeños objetivos, al final tendrás una cadena infinita de logros"

Ing. Pedro Bennasar

Metodología para la Tercerización de Servicios/Procesos

La Tercerización

¿Qué es tercerización o externalización?

Es un modelo estratégico de gestión, en donde se transfiere a un proveedor externo la responsabilidad de planificación, gestión, gerencia y ejecución cotidiana de uno o más procesos del negocio.

A través de la tercerización una organización puede optar por concentrarse únicamente en su core business (actividades relacionadas directamente con su objetivo) y delegar las actividades no inherentes a la razón de ser del negocio a un tercero.

Los beneficios potenciales de un cambio de modelo de Tercerización

La tercerización puede generar grandes beneficios los cuales se pueden resumir en tres categorías, tal como se describen a continuación:

Económico

- ✓ Disminución de costos, porque la Organización evita la creación de estructuras administrativas con capacidad ociosa improductiva.

- ✓ Transforma costos fijos en variables, es decir, la empresa paga sólo por lo que usa.

- ✓ Mejora la utilización de los recursos, logrando de esta forma un mejor nivel de productividad y eficiencia.

- ✓ Los servicios contratados mejoran los tiempos de respuesta y las calidades de las prestaciones, en el entendido que las empresas que se contratan ofrecen flexibilidad y son especialistas en su quehacer.

Estratégico

- ✓ Permite a la Organización enfocarse en actividades estratégicas indispensables para el desarrollo y crecimiento de su negocio. Sin preocuparse por las tareas operativo – administrativas recurrentes.

- ✓ La Organización para crecer y abordar nuevos desafíos y proyectos, no necesita modificar su planta estable y capacitar a su personal en todas las tecnologías que se requieran, bastará con seleccionar en forma adecuada a los socios estratégicos.

- ✓ Acceso a procedimientos administrativos probados y a mejores tecnologías, difíciles de obtener en un departamento interno.

Cualitativo

- ✓ Solución rápida de problemas al contar con una vasta experiencia y personal entrenado, los mismos son más fáciles de detectar y corregir.

- ✓ Evita la dependencia de personal clave y disminuye riesgos operativos.

- ✓ Acceso permanente a especialistas en las distintas materias.

Riesgos de tercerizar

Este tipo de procesos conlleva un importante impacto en la organización, debiendo gestionarse de forma adecuada y desde el momento de su diseño los potenciales riesgos existentes, estos riesgos se enmarcan dentro de:

- ✓ Pérdida de control sobre algunas actividades y dependencia de prioridades de terceros.

- ✓ Se puede afectar la integridad de los datos, la privacidad, la continuidad de negocio, la propiedad intelectual y la seguridad de la información.

- ✓ Estancamiento a nivel de innovación del proveedor externo.

- ✓ La empresa pierde contacto con las nuevas tecnologías que ofrecen oportunidades para innovar productos y servicios.

- ✓ Las tarifas incrementan la dificultad de volver a implementar las actividades que vuelvan a representar una ventaja competitiva para la empresa.

- ✓ Alto costo en el cambio del poroveedor en caso de que el seleccionado no resulte satisfactorio.

- ✓ Se puede afectar la posición estratégica de la Organización y su reputación.

- ✓ Se puede afectar el cumplimiento de obligaciones regulatorias.

¿Qué aspectos debería tomar en cuenta una empresa para considerar entonces la tercerización como una opción estratégica?

Tipos de Tercerización

En líneas generales existen 6 tipos de tercerización, los cuales se describen a continuación

1. **Outsourcing (Tradicional-Tercerización)**: un solo proveedor de servicios que entrega el servicio a un solo cliente.

2. **Co-Sourcing:** Dos proveedores de servicio que trabajan juntos para dar servicio a un mismo cliente.

3. **Multisourcing: Múltiples** proveedores de servicios proporcionan servicios a un solo cliente.

4. **Alianzas**: Varios proveedores que colaboran para servir a uno o más clientes.

5. **Join Venture**: Varios proveedores de servicios de un negocio que participan para servir a uno o más clientes.

6. **Insourcing**: Un grupo dentro de la organización es seleccionado como proveedor.

Metodología de tercerización

Para la tercerización de procesos se sugiere una metodología que debe seguirse de forma estricta, con un equipo de trabajo multidisciplinario que permita evaluar todos los aspectos del proceso y sus implicaciones para la organización.

Tercerizar un proceso no es un proceso sencillo

La tercerización pasa por un conocimiento profundo del proceso tanto de los insumos para su ejecución como el resultado esperado. Los procesos de tercerización deben siempre partir del conocimiento detallado y documentado, a fin de no perder el Kwon How de la empresa, adicionalmente es importante el consenso de todos los involucrados, teniendo siempre presente que al contratar un tercero crearemos una dependencia que debe ser medida con indicadores predefinidos del proceso, indicadores estos que servirán de base para la contratación del tercero y para el seguimiento del proveedor contratado en cuanto a los niveles de servicio que se contrataron.

El proceso de tercerización en sí mismo no es tercerizable.

Si revisamos la bibliografía se conseguirán múltiples metodologías, guías, herramientas, etc. que apuntan a determinar qué y cómo identificar y o tercerizar procesos. Una de ellas y la más conocida, que particularmente recomiendo para la identificación a alto nivel de posibles procesos a tercerizar es la que mezcla la importancia del proceso con su desempeño operativo, la cual llamaremos Matriz de Alto Nivel. La misma se describe a continuación:

Existen dos casos posibles de tercerización, los cuales se definen como:

1. **Formar una alianza estratégica:** Los procesos de este cuadrante son de alta importancia estratégica, pero contribuyen poco al rendimiento operativo. De esta forma, aunque es necesario mantener el control de los mismos

para asegurarse de que se llevan a cabo exactamente como se requiere, son relativamente insignificantes en términos de coste o el buen funcionamiento y por lo tanto no dignos de atención focalizada.

2. **Tercerizar:** Los procesos de este cuadrante son importantes para el rendimiento operativo con éxito, pero no son de importancia estratégica. Estas tareas pueden ser con seguridad subcontratada, simplemente no vale la pena el gasto de gestión de la Organización.

Al colocarse en dos ejes las dos principales variables de tercerización se obtiene una primera forma de aproximarse a determinar qué tipo de tercerización es la más conveniente, para ello se muestra la Ilustración 31, que también hace mención a procesos que debemos **eliminar** de la empresa por su poca importancia y poca contribución al desempeño, de igual forma podemos conseguir la decisión de **retener** el proceso en la organización, los procesos de este cuadrante son de alta importancia estratégica y tienen un gran impacto en el rendimiento operativo. Estos procesos deben mantenerse en la Organización para un control máximo.

Ilustración 31 Matriz para seleccionar el tipo de tercerización a aplicar

En la metodología que se detallará a continuación se hará mucho más énfasis en procesos preseleccionados, en esta metodología se integraron múltiples variables creadas bajo un flujo de procesos que proporcionará una guía para la toma de decisiones.

Para reforzar la selección y reevaluar los procesos /servicios ya tercerizados, se elaboró una herramienta que combina metodologías y variables entre sí, que permiten tomar las decisiones en base a variables claves para los procesos a tercerizar.

La metodología pasa por:

1. Determinación de las **competencias básicas** que distinguen una empresa de sus competidores. (Establecer variables de criticidad y competencia del proceso)

2. Creación de la matriz de **Importancia del proceso**, que analiza el riesgo estratégico implícito en la subcontratación del mismo (establecer la importancia del proceso para la organización)

3. **Matriz de costos**, que es una combinación entre las competencias básicas y la evaluación económica. Es decir, se combinan los resultados de la matriz de competencias del negocio vs. la variación en costo establecida (valorar el proceso desde la perspectiva económica y estratégica).

4. **Matriz de relación 2**, cuando ninguna de las herramientas anteriores dio una decisión final, se debe correr esta herramienta, donde interactúan las variables de la matriz de costos vs. el resultado obtenido en la importancia del proceso, lo que implica que estamos cruzando información de costo, competencias, madurez tecnológica del proceso y ventajas competitivas para tomar una decisión final.

La Ilustración 32 muestra de forma gráfica como la metodología va de lo macro a lo micro, interrelacionando variables críticas para definidas para la tercerización de procesos

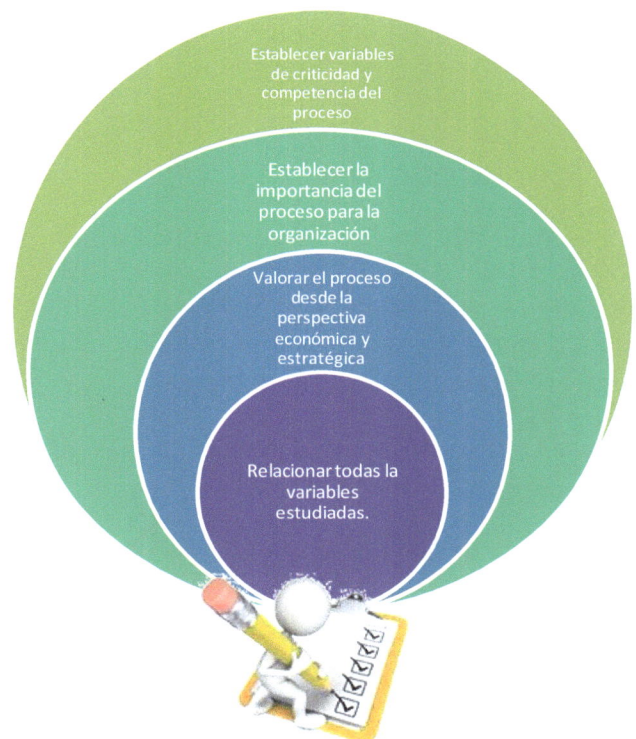

Ilustración 32 Esquema grafico de la Metodología de Tercerización

La Matriz de competencias Básicas

La Matriz de competencias del negocio permite determinar si el proceso nos distingue de la competencia, valorando a través de 4 simples preguntas con respuestas acotadas a SI o No, la cualidad competitiva del proceso para la organización.

Antes de detallar como se elabora la matriz de competencias, definimos que es una competencia, siendo todo aquello que nos distingue de los competidores en un mismo sector.

Para elaborar esta matriz se debe preguntar al equipo de trabajo las siguientes interrogantes, es importante hacerlo por consenso y no por votación:

- ¿El proceso es altamente especializado?

- ¿El proceso tiene un alto impacto en lo que los clientes perciben como la actividad más importante de la empresa?
- ¿El proceso proporciona acceso potencial a una amplia variedad de posibles mercados futuros?
- ¿El proceso es referencia en el mercado (otros quieren imitarnos)?

Al ir respondiendo cada una de las preguntas planteadas, se determina mediante la cantidad de respuestas afirmativas o negativas el nivel de competitividad que posee el proceso para la organización. Siendo el conteo el siguiente:

- Tres (3) respuestas afirmativas o más dará cabida a un proceso de alta importancia competitiva.
- Dos (2) respuestas afirmativas será un proceso medio.
- Una (1) respuesta afirmativa dará un proceso bajo y
- Cero (0) respuestas afirmativas refleja un proceso periférico.

Cada uno de los caminos tomados en base a las respuestas dadas dará cabida a una "Pre-decisión" sobre qué hacer con el proceso, de tal forma que, se podrá a través del resultado de esta matriz de competencias determinar:

- Mantener el proceso en casa
- Tercerizar
- No decidir nada () Mantenerlo en la situación actual

Tal como se observa en la Ilustración 33 Matriz de Competencias, se puede observar gráficamente el mapa de preguntas y respuestas para la matriz de competencias, así como sus diferentes caminos en base a las respuestas dadas a las preguntas y la decisión sugerida a tomar

¿El proceso es altamente especializado ?	¿El proceso tiene un alto impacto en lo que los clientes perciben como la actividad más importante de la empresa?	¿El proceso proporciona acceso potencial a una amplia variedad de posibles mercados futuros?	El proceso es referencia en el mercado (otros quieren imitarnos)	Importancia para los negocios - core de la institución (CORE COMPETENCY)	Decisión
Si	SI	Si	Si	Alta	Mantener en casa
			No	Alta	Mantener en casa
		No	Si	Alta	Mantener en casa
			No	Medio	Sin Decisión
	No	Si	Si	Alta	Mantener en casa
			No	Medio	Sin Decisión
		No	Si	Medio	Sin Decisión
			No	Bajo	Tercerizar
No	SI	Si	Si	Alta	Mantener en casa
			No	Medio	Sin Decisión
		No	Si	Medio	Sin Decisión
			No	Bajo	Tercerizar
	No	Si	Si	Medio	Tercerizar
			No	Bajo	Tercerizar
		No	Si	Bajo	Tercerizar
			No	Periférica	Tercerizar

Ilustración 33 Matriz de Competencias

Determinación del nivel de importancia del proceso

El nivel de importancia del proceso se construye generando una relación entre tres (3) variables principales, calificadas en base a las siguientes preguntas a responder:

- ¿Cuán importante es el proceso como ventaja competitiva en el sector?

- En relación a la madurez tecnológica utilizada para este proceso ¿En qué nivel se ubica el proceso?

- ¿En qué nivel está la competencia directa en este proceso?

Al ir respondiendo estas preguntas se podrá construir el mapa de calor que se muestra a continuación (Ilustración 34).

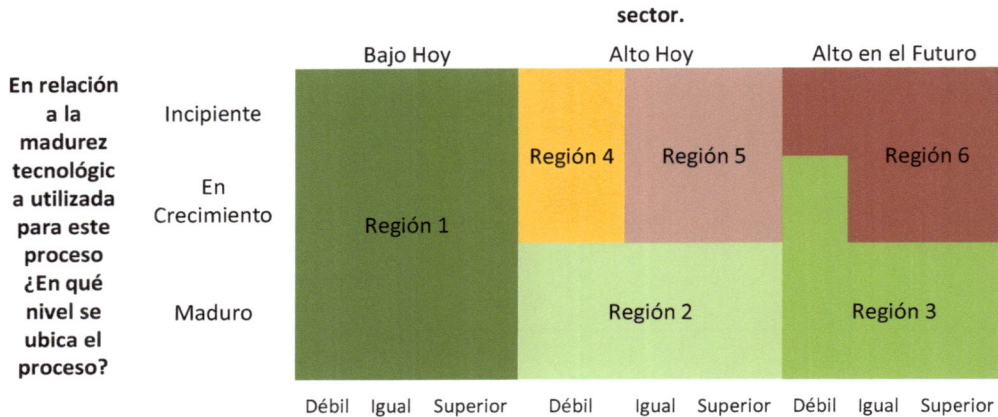

Ilustración 34 Matriz de Importancia del Proceso (Mapa de Calor por regiones)

Identificada la región en la cual se encuentra el proceso en evaluación se procede a determinar la acción a tomar, en base a la siguiente tabla:

Región 1	Son más susceptibles de ser externalizadas. Tanto importancia del proceso y la ventaja competitiva son bajos. Dado que la importancia del proceso es baja, esta actividad es el principal candidato a ser externalizados, independientemente de la madurez de los procesos o de lo bien que la empresa se compara con sus competidores.	Tercerizar
Región 2	Importancia del proceso es alta en este momento, pero es bien conocido por los competidores. Proveedores especializados pueden beneficiarse de las economías de escala y puede hacer el proceso más barato para la empresa.	Tercerizar

Región 3	La importancia del proceso se considera que es alta en el futuro, pero el proceso está maduro, lo que implica que es bien conocido en el mercado. Los proveedores podrán beneficiarse de las economías de escala, Internamente desarrollar el proceso puede costar demasiado, por lo que el desarrollo de proveedores puede ser necesario y ventajoso.	Tercerizar
Región 4	La importancia del proceso es alta, y la tecnología es incipiente o en crecimiento. Sin embargo, la empresa es débil en relación con los competidores.	Invertir en mejorar el proceso o Tercerizar. (Sin Decisión)
Región 5	La importancia del proceso es alta, la tecnología es nueva y cada vez mayor, y la compañía es igual o superior en relación a los competidores. Así, las actividades que caen en esta región se mantienen en la casa para mantener la ventaja competitiva de la empresa, no se requiere ningún análisis adicional.	Mantener
Región 6	Se recomienda que se desarrollen las capacidades internas. La importancia del proceso es alta en el futuro, y la tecnología es nueva o en crecimiento.	Mantener

Matriz de decisión base costo/competencia

Esta matriz se construye tomando como base el resultado obtenido en la matriz de competencia generada en el paso 1 de la metodología.

Para su aplicación se debe establecer el costo actual del proceso y compararlo con el costo del mismo proceso tercerizado, a fin de establecer en base a costos, donde es más económico ejecutar el proceso ¿Dentro de la organización? o ¿Con un proveedor externo tercerización?

La comparación de los costos tendrá como resultado lo siguiente:

+	Si variación de costo es > a 0	Outsourcing tiene ventaja en costo
-	Si variación de costo es < a 0	La empresa tiene ventaja en costos

Conocido este resultado y el resultado de la matriz de competencias, se procede a generar el siguiente mapa de calor por regiones (Ilustración 35):

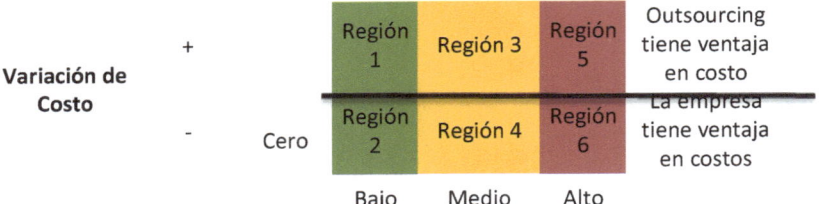

Resultado de la Matriz de Competencias del Negocio
Ilustración 35 Matriz de Decisión Base Costo/Competencia

Una vez más conociendo la región donde se ubica el resultado, podremos inferir una decisión sobre el proceso en estudio, tal como se muestra en la siguiente tabla:

Región	Descripción	Decisión
Región 1	Son procesos de baja competencia para el negocio y empresas externas son capaces de dar beneficios en costos para el negocio. Son procesos que deben ser tercerizados.	Tercerizar
Región 2	Actividades de baja competencia y con costos menores a cero (negativo). A menos que la empresa pueda ejecutar estas actividades a un costo significativamente menor que empresas externas, la mejor decisión aún puede ser tercerizar ya que estas actividades no son estratégicas para el negocio.	Tercerizar es una opción válida
Región 3	Representa actividades de competencia media que son baratas de obtener con la contratación de proveedores externos	La tercerización es una opción válida. Decisión a tomar por altos niveles de la empresa. Correr el próximo instrumento.
Región 4	Representa actividades de competencia media que son baratas de obtener con la contratación de proveedores externos	Mantener en la empresa el proceso es una opción válida. Decisión a tomar por altos niveles de la empresa. Correr el próximo instrumento.
Región 5	Alta competencia estratégica y outsourcing más económico	Mantener y optimizar el proceso
Región 6	Alta competencia estratégica y empresa con ventaja en costos	Mantener

pág. 68

Matriz de decisión base importancia del proceso vs. Matriz costo/competencia

En esta matriz interactúan las variables de la matriz de costos/competencia vs. el resultado obtenido en la importancia del proceso. Lo que implica que estamos cruzando información de costo, competencias, madurez tecnológica del proceso y ventajas competitivas para tomar una decisión final.

Relacionar esta variables en una sola herramienta produce la certeza de que se están evaluando por todas la aristas posibles todas las variables a considerar para la toma de decisiones en cuanto a tercerizar o no un proceso.

Para construir el mapa de calor resultante debemos tomar la región resultante de la matriz de importancia del proceso y la región resultante de la matriz de costo/competencia, lo que generará la matriz que se observa en la Ilustración 36

Ilustración 36 Matriz de Decisión base Importancia del proceso Vs Matriz Costo/Competencia

Identificada la zona donde se cruzan ambas regiones se procede a establecer la acción a seguir, en base la siguiente tabla:

■	Tercerizar
■	Mantener en casa
■	Decidir entre optimizar el proceso y mantenerlo en casa o tercerizar, esta decisión estará dada por donde se quiere invertir el dinero, en mejorar este proceso para llevarlo a niveles competitivos en costos y conocimientos o tercerizar y mejorar procesos ya maduros en la organización.

"Valora más aquellos maestros que son capaces de enseñarte a aprender, que aquellos que te enseñan hacer" Pedro Bennasar

Glosario de Términos

Actividad No Productiva: Toda actividad que NO se requiera para efectuar los procesos de la organización. Estas actividades a su vez se dividen en

- Necesarias: Son necesarias para el personal y pueden o no estar reguladas. Ejemplo: Ir al Baño, preparar puesto de trabajo para iniciar la jornada, etc.
- Innecesarias: Pueden ser eliminadas y permiten incrementar las capacidades del área. Son las primeras actividades donde se hace foco para incrementar la productividad. Ejemplo
- Almuerzo: Tiempo dedicado al almuerzo diario de los colaboradores

Actividad Productiva: Toda actividad que se ejecute para cumplir con los procesos definidos por la organización. En términos económicos es el proceso a través del cual la actividad del hombre transforma los insumos tales como materias primas, Recursos Naturales y otros insumos, con el objeto de producir Bienes y servicios que se requieren para satisfacer las necesidades.

Aleatoriedad: Proceso al azar mediante el cual se determina a quien(es) y en qué momento se realiza una observación (La generación de los números, horas de observación y personas sobre la cual corresponde una observación en un momento dado serán aleatorias). La aleatoriedad de la muestra garantiza la ausencia de tendencias y/o correlación entre los datos.

Censo: Para la estadística descriptiva, es el total de casos/individuos, en nuestro caso actividades que conforman la población a ser estudiada. El censo toma toda la población

Colaboradores: Son el grupo de personas que ejecutan los procesos del área.

Consultor(es) de Procesos: Persona(s) encargadas de efectuar el trabajo de campo y análisis posterior de la información recogida, mediante el registro por observación de las actividades que se ejecutan en la unidad bajo estudio. Asimismo, son los responsables del vaciado y análisis posterior de la información recopilada.

Estadísticamente válido: Es el establecimiento de un tiempo prudencial del trabajo de campo que permita garantizar que el volumen de observaciones obtenidas de forma aleatoria converjan en una probabilidad de ocurrencia similar para todos los eventos. (Ejemplo: si lanzas una moneda 1.000 veces la probabilidad de ocurrencia de que las 1.000 veces salga cara será más cercana a cero en cada lanzamiento, bajo condiciones ideales el resultado rondara 50% cara 50% sello)

FTE: Abreviatura de Full Time Equivalent, que se corresponde con una medida de equivalencia que permite establecer el número de trabajadores a tiempo completo que se dedican a ciertas actividades, proporcionando los mismos resultados en un periodo de tiempo determinado, en el caso que nos ocupa durante la jornada laboral.

Horario de Trabajo (HT): Hora de ingreso y salida del puesto de trabajo. El diferencial entre la hora de ingreso y salida es la jornada laboral. La real academia lo define como el "Tiempo durante el cual se desarrolla habitual o regularmente una acción o se realiza una actividad."

Jornada Laboral (JL): Es el tiempo de duración del trabajo diario. En nuestro caso es la cantidad de horas definidas por la organización para que cada colaborador ejecute los procesos asociados al cargo en evaluación. En términos de la Ley del trabajo Venezolana es el tiempo durante el cual el trabajador o la trabajadora están a disposición para cumplir con las responsabilidades y tareas a su cargo

Jornada Laboral Efectiva (JLE): Cantidad de horas que el colaborador debe dedicar efectivamente a las actividades por las que se le paga una remuneración. Un porcentaje (normalmente 10%) es la pérdida de tiempo que las organizaciones asumen. JLE= JL-(JL*10%). Este 10% incorpora vacaciones, reposos, permisos.

Muestra: Es una cantidad de individuos que representan estadísticamente a la población, permitiendo inferir en base a ellos el comportamiento del conjunto.

Observación: Es la cantidad de veces en que el consultor de procesos registra actividades durante el trabajo de campo. Cada observación debe ser registrada en base al momento establecido para cada observación.

Probabilidad de Ocurrencia: Relación directa entre el número de casos favorables y el número de casos posibles, durante un periodo de tiempo establecido.

Procesos: Conjunto de actividades secuenciales definidas por la organización que deben ser ejecutados por los colaboradores.

Trabajo de campo: Proceso mediante el cual se ejecuta el levantamiento de la información (observaciones) en el sitio donde se desarrollan las actividades en estudio.

www.ingramcontent.com/pod-product-compliance
Lightning Source LLC
Chambersburg PA
CBHW041204180526
45172CB00006B/1189